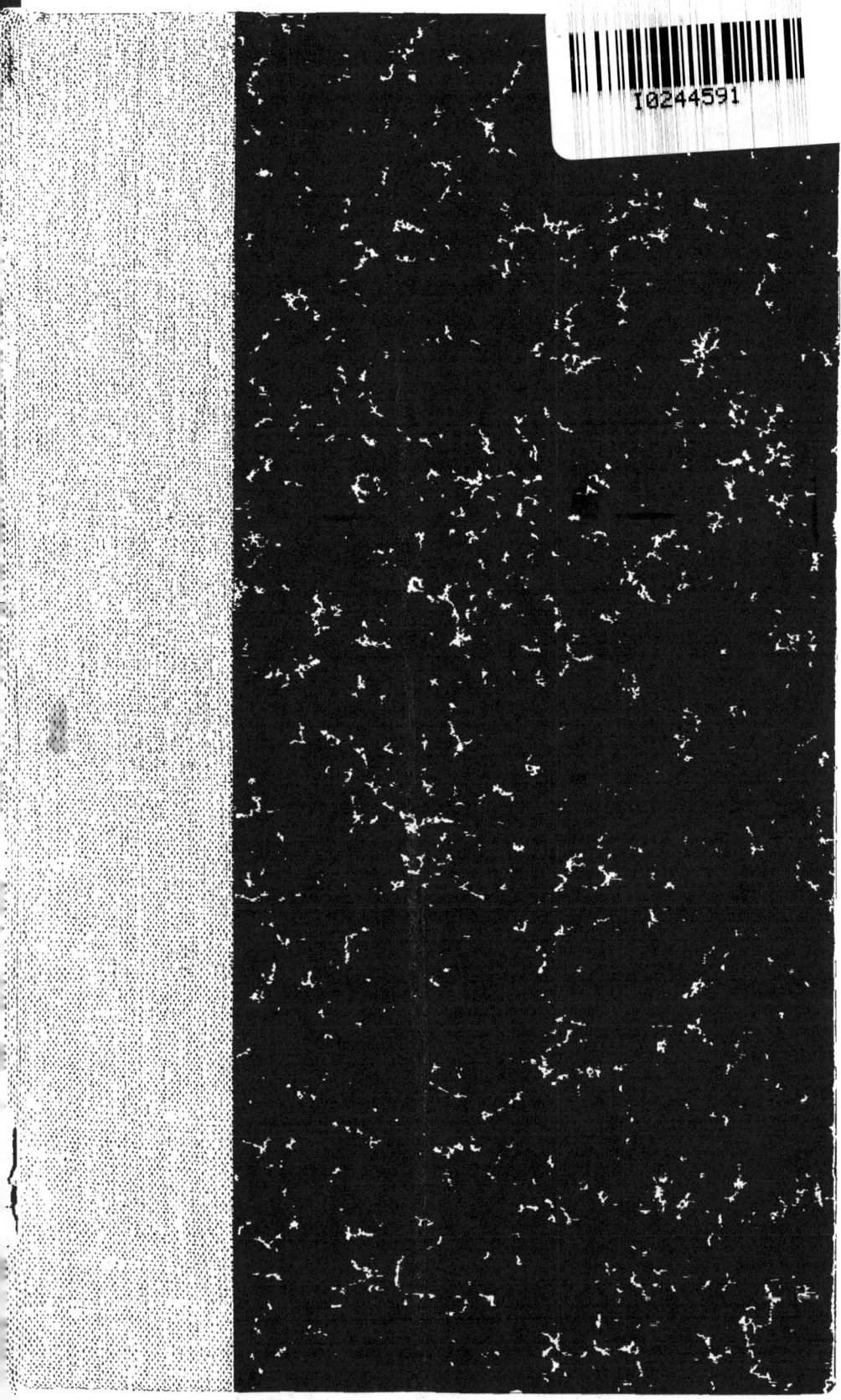

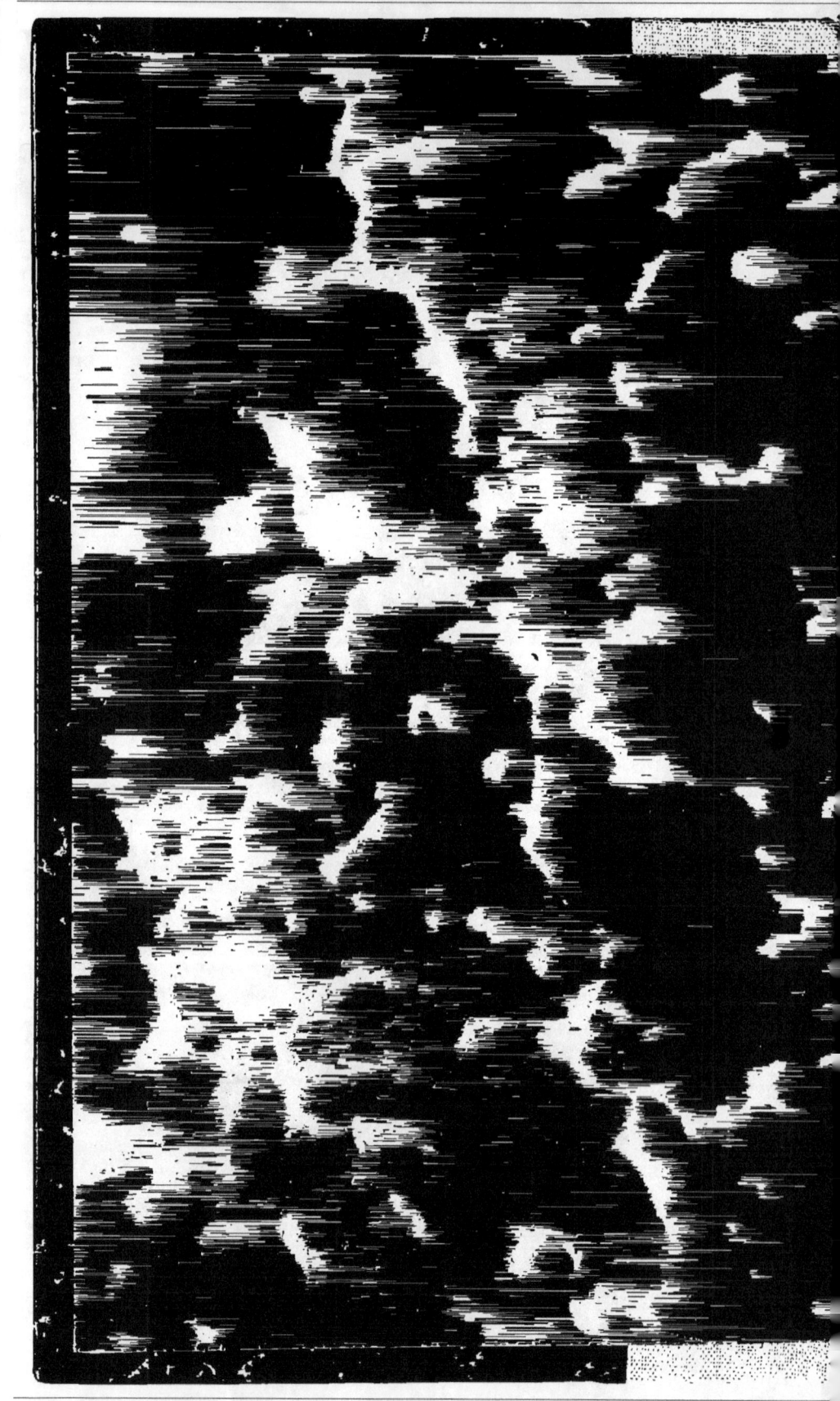

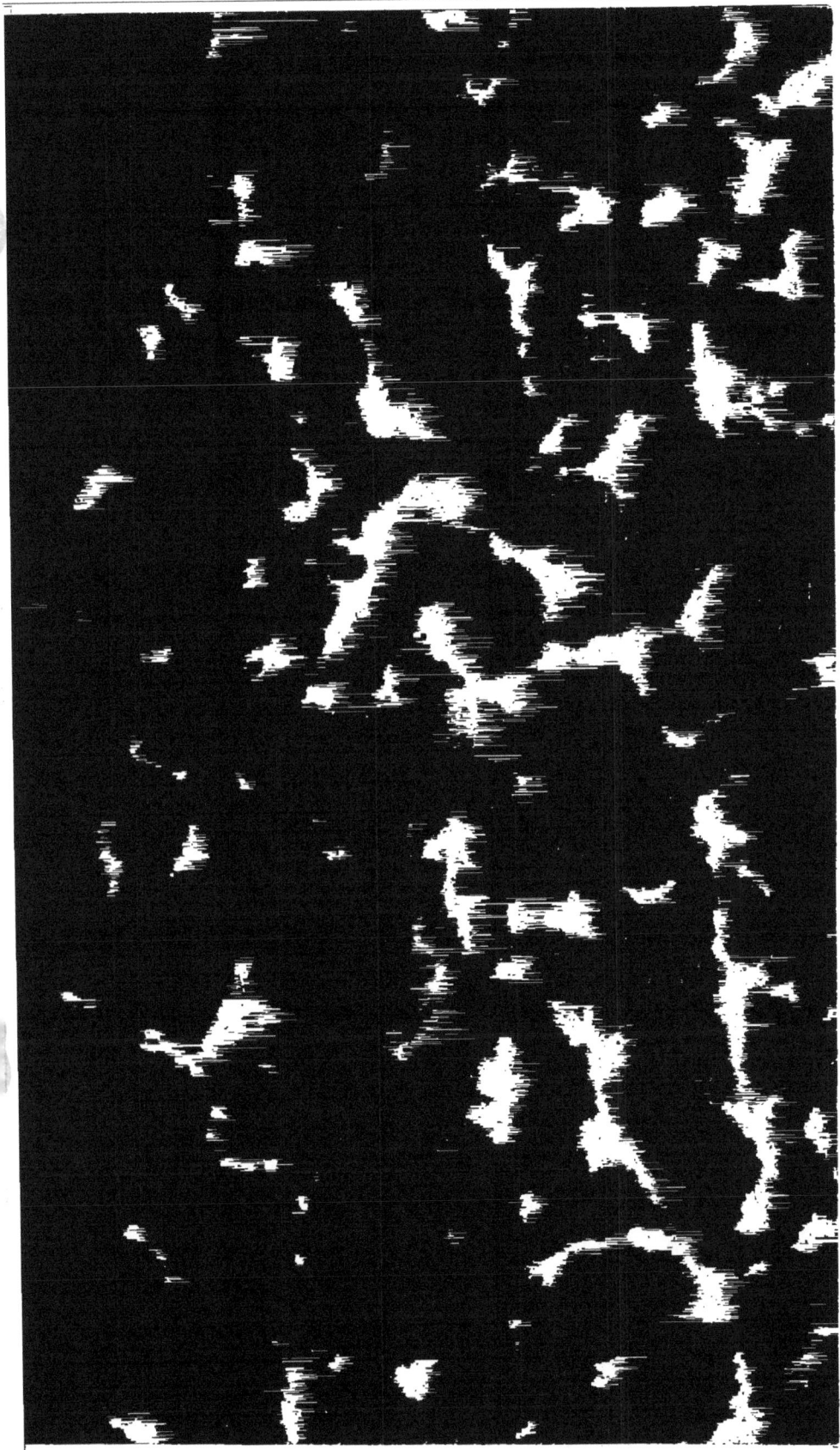

RANDEYNES & FILS

# MÈRE
# ANTOINETTE VABRE

Religieuse de la Congrégation
des Sœurs de la Charité de Nevers

Fondatrice

## DE L'ASILE DE MARIE
A CHALON-SUR-SAONE

par

### L'ABBÉ CH. DORY
Chapelain-missionnaire

Se vend trois francs
Au profit de l'Orphelinat
Fondé par Mère Antoinette

# APPROBATIONS

*Nevers, le 2 mai 1883.*

Cher monsieur l'abbé,

Vous m'avez fait adresser, même avant sa publication, un exemplaire de votre biographie de mère Antoinette Vabre.

Vous avez pensé, et non sans raison, qu'à titre de Chalonnais et d'évêque de Nevers, je devais prendre un intérêt tout particulier à la lecture de ce pieux opuscule.

Elle m'a reporté en effet à ces premières années de ma vie où il m'a été donné de voir à l'œuvre la digne fondatrice de l'Asile de Marie, sans soupçonner quels rapports plus intimes la divine Providence m'appellerait un jour à avoir avec elle en qualité de supérieur.

Grâce à vous, j'ai pu mieux apprécier, après sa mort, cette humble religieuse, une des gloires de la chère congrégation dont j'ai le bonheur de posséder la maison mère dans ma ville épiscopale. Les pages que vous lui consacrez, écrites avec autant de talent que de piété, font admirablement connaître cette belle âme; elles sont pour son intérieur ce qu'est pour sa physionomie extérieure la gravure placée en tête de votre livre, où l'on aime à retrouver l'expression si frappante de cette douce et spirituelle figure.

Personnellement donc, j'ai tout sujet de me réjouir de votre travail et de vous en féliciter.

Mais je suis poussé à le faire par d'autres motifs d'un ordre supérieur.

En ce moment, la vie religieuse est poursuivie par les accusations injustes et par les persécutions de gens qui seraient, certes, bien embarrassés s'il leur fallait la remplacer dans les fonctions qu'elle remplit et les nombreux et inappréciables services qu'elle rend à la pauvre humanité. Dès lors il est très bon, très opportun de mettre de temps en temps en lumière quelqu'une de ces vies qui se consument obscures et fécondes dans des œuvres d'héroïque dévouement, et qui laissent après elles, non pas des discours plus ou moins retentissants avec les moyens à prendre pour venir en aide aux classes populaires, mais des œuvres pratiques et durables comme est celle de la vénérable défunte.

Quand on se rend compte de ce qu'elle a su accomplir, poussée, soutenue par sa foi et sa charité, il est impossible de ne pas se sentir pénétré d'une nouvelle estime pour cette vie religieuse qui passe en faisant le bien, et aussi d'une compassion, sinon d'une indignation plus vive à l'égard de tous ces malheureux, aveugles ou ambitieux, qui blasphèment ce qu'ils ignorent. En même temps, on se prend à désirer plus ardemment que cette sainte et pacifique armée de la charité fasse de nombreuses recrues, que tant de jeunes filles qui sentent brûler en elles le feu sacré du zèle aient la pensée et la liberté de venir demander à cette forme de vie le seul aliment capable de l'entretenir et de lui donner toute son activité et toute sa puissance.

Il est probable que votre notice est appelée à produire cet heureux résultat : en la lisant, plus d'une âme y trouvera et la révélation de sa vocation et la force dont elle a besoin pour la suivre en dépit de tous les obstacles. En face de ce bel exemple, elle se dira : Pourquoi ne serais-je pas moi aussi religieuse ? Pourquoi n'irais-je pas, dans ce milieu béni et sanctifiant, me mettre entièrement au service de Dieu et des âmes, faire ce qu'à fait cette bonne sœur dans laquelle Notre-Seigneur a voulu montrer qu'il aime toujours à choisir de préférence, pour accomplir ses œuvres les meilleures, les instruments en apparence les plus faibles ?

C'est d'avance au nom de ces âmes et, dès maintenant, au nom de la congrégation des sœurs de Nevers et au mien que je vous remercie, souhaitant par-dessus tout à votre livre le succès que je viens d'indiquer, parce qu'il sera, je le sais, la plus douce, l'unique récompense qu'ambitionne votre cœur de prêtre et de missionnaire.

Croyez, cher monsieur l'abbé, à mes sentiments affectueusement dévoués en Notre-Seigneur.

† ÉTIENNE,

ÉVÊQUE DE NEVERS.

## APPROBATIONS.

*Autun, le 3 mai 1883.*

Mon cher abbé,

J'applaudis au dessein que vous avez si bien réalisé de retracer l'édifiante vie de la bonne mère Antoinette, supérieure de l'Asile de Marie à Chalon.

« Il y a temps pour tout », est-il dit au livre de l'Ecclésiaste. A l'humilité, qui cache pendant leur pèlerinage terrestre les vertus des serviteurs de Dieu, il est juste et il est salutaire que succède la manifestation des dons de Dieu dans leurs âmes et du saint usage qu'ils en ont su faire. *Opera Dei revelare et confiteri honorificum est.* (Tob. XII. 7.)

Au nom de la congrégation des sœurs de la Charité de Nevers, dans laquelle la mère Antoinette a eu le grand honneur de servir Notre-Seigneur Jésus-Christ; au nom de la ville de Chalon, où elle s'est dépensée avec un zèle infatigable pendant plus de cinquante années; je vous remercie, je vous félicite et je vous bénis.

† ADOLPHE-LOUIS,
ÉVÊQUE D'AUTUN, CHALON ET MACON.

# AVANT-PROPOS

Grâces à Dieu, il y a encore des saints sur notre terre ! Il y en a dans toutes les classes de la société ; mais, comme toujours, principalement dans la classe des humbles : humbles de la naissance modeste, du travail obscur, du dévouement ignoré ou méconnu ; humbles volontaires ne cherchant que l'ombre, le silence, l'oubli. La foi et l'expérience ne nous enseignent-elles pas que Dieu se révèle de préférence aux petits et aux pauvres ? « O mon Père, s'écriait Jésus-Christ parlant des mystères de l'éternité, ô Maître souverain de la terre et du ciel, je vous glorifie de ce que vous avez caché ces choses aux sages et aux prudents du siècle, pour les manifester aux humbles[1] ! » La chère mère Antoinette fut humble, profondément humble : voilà la raison de sa sainteté, des grandes œuvres qu'elle a accomplies. « Humilions-nous ! » voilà le mot de toute sa vie.

Elle a pleinement réalisé la belle théorie de la sainteté que Fénelon nous donne : « Sortir de soi pour entrer dans l'infini de Dieu. » Parmi tant de témoignages recueillis sur les vertus de cette véritable servante de Dieu et des pauvres, celui-ci est peut-être le plus expressif, le plus complet dans sa brièveté : « Elle était noyée dans le surnaturel ! » Oui *noyée*, morte à elle-même et au monde, ne vivant qu'en Dieu et pour Dieu ! [2]

---

[1]. S. Mathieu, xi, 25.
[2]. A la veille de commencer notre travail, nous disions au vénérable provicaire de Saint-Vincent de Chalon : « Eh bien ! puisque nous devons être l'écrivain de la vie de mère Antoinette, vous qui l'avez beaucoup connue, donnez-nous la note vraie. » Sa réponse à sans cesse résonné dans notre esprit : « Mère Antoinette était noyée dans le surnaturel. »

D'autres plumes bien mieux exercées que la nôtre auraient dû écrire cette notice. Humble dans sa vie, mère Antoinette sera humble jusque dans son historien, jusque dans le petit monument élevé à sa mémoire. Le lecteur pourra d'ailleurs se convaincre que tout notre travail s'est borné à recueillir des souvenirs et à les coordonner. Que n'avons-nous pu rendre les accents émus avec lesquels sœurs de charité, orphelines, anciennes élèves nous parlaient de leur mère bien-aimée ! Nous eussions jeté des fleurs vives sur la tombe de mère Antoinette..... hélas ! et nous n'apportons que des fleurs décolorées !

Tel qu'il est cependant, nous osons l'espérer, ce modeste volume sera bien accueilli du public chalonnais, des charitables sœurs de Nevers, des orphelines et des élèves de l'Asile de Marie.

Les chrétiens de Chalon connaîtront plus intimement celle qu'ils n'ont vue passer que voilée d'humilité et de modestie religieuse, et que l'on doit cependant proclamer une des gloires de la cité dans notre siècle. Chalon, qui se pique, à juste titre, d'élévation morale et intellectuelle, n'a pas eu de nos jours beaucoup de physionomies plus caractérisées que celle de mère Antoinette. Nous la verrons, du reste, entourée pendant sa vie de l'estime et de l'affection de tous. Au jour des funérailles nous entendrons la voix du peuple juger la fondatrice de l'Asile de Marie. « J'aime ce jugement » du peuple : médiocre juge dans les choses » médiocres, grand juge dans les grandes » choses ! »[1]

Combien nous serions heureux si, à la lecture de cette notice, les sœurs de Nevers trouvaient édification et courage ! Pauvres sœurs ! Plus que jamais leur tâche est dure, difficile, ingrate. Mais avec la foi en Dieu, en Dieu seul, on vient à bout de tout !... Agréez donc, ô servantes

---

1. L'abbé Henri Perreyve. *Panégyrique de Jeanne d'Arc.*

des pauvres, ô pieuses éducatrices de l'enfance, l'hommage de ces lignes qui vous diront l'amour d'une compagne vénérée pour les pauvres et les enfants. S'il est possible, vous-mêmes vous les en aimerez davantage; vous vous attacherez plus indissolublement à votre vocation, à vos vœux, à votre institut.

Et vous, bonnes orphelines de l'Asile de Marie, c'est à vos prières surtout que nous avons cédé, quand, après bien des hésitations, nous avons entrepris ce travail. Comment résister à des enfants qui vous disent : « Parlez de notre mère; faites-la connaître ! Que l'on sache bien pourquoi nous lui avons voué une éternelle reconnaissance, pourquoi nos cœurs la béniront toujours! » Dieu fasse que nous n'ayons pas été trop au-dessous de notre tâche!

Dieu fasse que tous nos lecteurs jugent d'après l'Asile de Marie, et apprécient nos orphelinats catholiques, asiles de la piété et du travail, refuges de l'honneur le plus délicat et le plus menacé ! Alors, nous n'en doutons pas, par leurs prières ou par leurs aumônes, ils contribueront de tous leurs efforts au succès de ces œuvres que nous ne craignons pas de proclamer *excellentes entre toutes*.

« Les religieuses qui fondent des ouvroirs
» rendent aux filles qu'elles instruisent, aux
» femmes qu'elles occupent et à la société
» tout entière un important service. Il existe,
» en grand nombre, des filles sans parents,
» ou, ce qui est encore pire, des filles aban-
» données par leurs parents : il est bon, il est
» salutaire que des associations pieuses se
» donnent la mission de les recueillir, de les
» instruire, de leur apprendre un état, de les
» surveiller. » [1]

A ce témoignage magnifique d'un homme

---

1. M. Jules Simon. *L'Ouvrière*, p. 270.

digne de la foi catholique, qu'on nous permette de joindre une petite phrase tout dernièrement recueillie dans le *Journal officiel :* « Elles reviennent volontiers à l'asile, qu'elles considèrent comme leur maison[1]. » Donner à de pauvres orphelines une maison paternelle qu'elles aiment, où elles reviennent volontiers, n'est-ce pas une œuvre bien belle ?

Nous consacrons ce livre au Cœur adorable de Jésus que mère Antoinette a tant aimé. Daigne le divin Cœur agréer cet humble hommage, nous bénir, et bénir encore l'institut des sœurs de Nevers et l'Asile de Marie !

Ch. Dory.

*Paray-le-Monial, 29 mars 1883.*

---

[1]. *Journal officiel*, mars 1883. Documents parlementaires, Sénat, p. 389. — Le rédacteur parle des divers orphelinats du département de Saône-et-Loire, pour garçons et filles. Aussi le texte exact est-il celui-ci : « Ils reviennent volontiers à l'asile, qu'ils considèrent comme leur maison. »

# MÈRE
# ANTOINETTE
## VABRE

Autun. — Dejussieu, imp. de l'Évêché.

MÈRE ANTOINETTE VABRE

# MÈRE ANTOINETTE VABRE

Religieuse de la Congrégation
des Sœurs de la Charité de Nevers

Fondatrice

## DE L'ASILE DE MARIE
### A Chalon-sur-Saone

par

### L'ABBÉ CH. DORY
CHAPELAIN-MISSIONNAIRE

Se vend trois francs
Au profit de l'Orphelinat
fondé par Mère Antoinette

# MÈRE ANTOINETTE VABRE

## CHAPITRE I.

### DEPUIS LA NAISSANCE DE MARIE VABRE JUSQU'A SA PROFESSION RELIGIEUSE
#### (1803-1826.)

Le pays natal et la famille. — Enfance. — Première communion. — La Visitation de Saint-Céré. — Appel de Dieu. — L'Institut des sœurs de la Charité et de l'Instruction chrétienne de Nevers : sa fondation, son but et son esprit. — Mère Ursule Bastit. — Noviciat. — Épreuves. — Sœur Antoinette.

L'humble enfant qui deviendra Mère ANTOINETTE VABRE naquit en 1803 au petit village de Saint-Médard-Nicourby, non loin de Saint-Céré, dans le département du Lot. Ses parents, Pierre Vabre et Jeanne Pradayrol, modestes propriétaires, étaient pauvres devant les hommes, mais riches devant Dieu en mérites chrétiens. Leur héritage, quelques terres et une habitation, était situé dans un hameau composé de neuf maisons seulement ; à l'entour, des châtaigneraies, des champs arrosés par une petite rivière. Le logement, qui ne comprenait qu'une seule chambre avec quelques dépendances, était bien étroit, car la famille était nombreuse : le père, la mère et neuf enfants, dont huit filles et un garçon. La troisième des filles reçut au baptême le nom de Marie. A voir sa complexion débile, on crut qu'elle n'avait que peu de jours à vivre. Elle devait être cependant une des dernières survivantes de la famille, en même temps que son honneur et sa gloire.

Mère Antoinette aimait beaucoup à revenir aux impressions de sa première enfance, et elle en parlait souvent : « Chez nous, disait-elle, le bon Dieu était vraiment le Maître; pour tout au monde, notre père et notre mère n'eussent point voulu lui désobéir ni lui déplaire. J'étais bien petite, j'avais à peine deux ans, que ma mère me prenait sur ses genoux pour m'apprendre une prière et me montrer un crucifix qu'elle m'expliquait et me faisait embrasser. Le soir, quand j'étais couchée, je m'en souviens très bien, elle s'approchait de mon petit lit, me faisait joindre les mains et dire : « O mon Dieu, » je vous donne mon cœur; gardez-moi pendant » cette nuit! » Dès que nous pûmes marcher, mes sœurs et moi, on nous conduisait à la messe du dimanche en nous recommandant d'y être bien sages. Les jours de jeûne, on nous disait : « On fait pénitence aujourd'hui ; vous êtes trop » petites pour jeûner, mais imposez-vous une » légère privation pour plaire à Jésus qui, sur la » croix, a été abreuvé de fiel et de vinaigre ! »

N'est-ce pas là le consolant tableau d'une famille patriarcale?

La petite Marie fit des progrès rapides dans les vertus de son âge : à six ou sept ans, alors que les enfants sont légers et ne pensent qu'au jeu, elle aimait le bon Dieu de tout son cœur et ne pensait qu'à s'instruire. Elle fréquentait très assidûment les instructions du catéchisme, et se faisait remarquer par son attention à écouter le pasteur de la paroisse, par sa facilité à retenir ce qu'on lui enseignait, surtout par la clarté et la justesse de ses réponses.

Cependant elle avait un immense chagrin : sa mauvaise santé, et principalement la faiblesse extrême de sa vue, lui empêchaient de fréquenter l'école. Elle eût tant désiré apprendre à lire, et, comme sa mère, suivre sa messe dans un beau livre où elle aurait mis les images que M. le curé lui donnait au catéchisme! Mais le médecin avait déclaré que l'application la rendrait promptement aveugle.

Elle était bien triste quand elle voyait ses compagnes aller en classe et en revenir toutes joyeuses; quand elles lui racontaient ce qu'on y avait fait. Alors elle se dirigeait vers la prairie où paissaient les moutons de son père, et disait au petit berger : Montre-moi comment se fait un a, un b. Et, tant bien que mal, avec son couteau, le pâtre lui dessinait les lettres de l'alphabet sur l'écorce d'un arbre.

Dieu qui aime les petits et les humbles, regardait avec tendresse cette pauvre enfant sur laquelle il formait de grands desseins et la consolait intérieurement. Elle avait pour la prière un goût et une persévérance extraordinaires à cette époque de la vie : tout son bonheur était d'assister aux saints offices, de venir à l'église faire sa visite au saint Sacrement. A mesure qu'elle croissait en âge, elle grandissait en sagesse, en intelligence, en toutes sortes de vertus : sa modestie, sa piété, son humilité, lui avaient acquis l'estime et l'affection de toutes ses compagnes.

A la maison, Marie était complaisante et bonne. Elle aidait sa mère dans les soins du ménage ; puis elle veillait sur ses petites sœurs, les menait à la promenade, les endormait en les berçant au chant d'un pieux cantique. Et le soir, pour la récompenser, sa mère lui lisait quelques pages de la Vie des Saints ou quelques belles scènes du Nouveau Testament. Cette âme candide s'ouvrait aux choses de la religion comme la fleur s'ouvre au soleil. « Nous n'étions pas riches, nous étions tous obligés de travailler, mais cependant nous étions heureux. En nous apprenant à aimer et à respecter le bon Dieu, nos parents nous apprenaient à les aimer et à les respecter eux-mêmes. » Ainsi parlait mère Antoinette, et jusqu'à la fin de sa vie à peine put-elle prononcer le nom de son père et de sa mère sans que des larmes vinssent mouiller ses yeux.

Enfin, le pasteur lui annonça qu'elle était admise à la première communion. A cette nouvelle, elle tressaillit d'une joie que, soixante ans plus tard, elle semblait éprouver encore quand elle en parlait. Ses efforts redoublèrent afin de se bien préparer à cette sublime action. Elle exhortait ses camarades à mieux prier, à aimer davantage le bon Dieu, à éviter même les plus petits péchés. Quand se leva le grand jour où elle devait recevoir son Dieu, à son attitude recueillie et modeste, à sa piété, on eût dit une petite sainte, et chacun la citait comme un modèle digne d'être imité par tous. Jésus prit donc possession de ce cœur de douze ans qui devait lui appartenir à jamais.

Vers le même moment un mieux sensible s'étant manifesté dans l'état des yeux de Marie, ses parents songèrent à lui faire donner un peu d'instruction. Elle était déjà bien grande pour fréquenter l'école du village que toutes ses compagnes avaient quittée après la première communion. C'est pourquoi on se décida à s'en séparer et à demander aux sœurs de la Visitation de Saint-Céré de bien vouloir l'accueillir pendant quelque temps.

Comme les autres, le monastère de Saint-Céré avait été dispersé pendant la Révolution. Mais la tourmente passée, plusieurs exilées étaient venues se ranger auprès de la vénérable mère Henriette Labourdarie; en 1807, la communauté reprenait sa vie de prière et de règle. Puis on ouvrait le petit pensionnat où, plusieurs années après, Marie Vabre fut admise.

Nous n'avons pu recueillir aucun détail précis sur ce séjour à la Visitation. Il nous sera permis cependant de conjecturer de la vie pieuse qu'elle y mena, sur ce fait qu'elle racontait souvent : « Mon plus grand bonheur était de me trouver auprès des sœurs, de causer avec elles, et je me disais : oh! si un jour, moi aussi, je pouvais être religieuse! »

Mais il sembla bientôt que ce désir était irréalisable. La dure nécessité pesait sur la famille. Pour élever tant d'enfants il avait fallu engager une à une les terres qu'on possédait : Marie dut quitter ses chères maîtresses, sachant à peine lire et écrire, et revenir au foyer. Elle rapportait de la Visitation le goût de cette piété douce et forte qui caractérise les filles de saint François de Sales. Si jamais l'idée était venue à mère Antoinette de prendre une devise, nul doute qu'elle n'eût choisi celle-ci : « Douceur et force ! » Elle fit mieux que prendre une devise : toute sa vie elle travailla à être douce et forte ; nous verrons si elle a réussi.

De la Visitation encore, elle rapportait un amour ardent pour la personne sacrée de Notre-Seigneur Jésus-Christ : « Je ne veux que Lui, disait-elle à sa mère ravie de l'entendre parler ainsi, et je n'aurai jamais d'autre époux que Lui ! » Et, signe touchant de sa vocation future ! elle aimait surtout Jésus enfant, Jésus pauvre, Jésus délaissé, Jésus disant : « Tout ce que vous ferez au plus petit d'entre vos frères, c'est à moi-même que vous le ferez [1] ! » Jamais elle n'eut un regard de complaisance pour le monde et pour ses plaisirs : selon le langage des divines Écritures, elle avait été blessée au cœur par la flèche du divin amour. Insensiblement, selon les voies mystérieuses de sa Providence, Dieu la dirigeait vers cette terre de prédilection, vers ce diocèse d'Autun où il avait manifesté son Cœur, toutes ses tendresses, toutes ses douleurs à une sœur des pieuses visitandines de Saint-Céré, à la bienheureuse Marguerite-Marie.

1. Matth. xxv, 40.

Empressée aux travaux du ménage, pleine de gracieuses prévenances pour ceux de sa famille, humble et modeste, Marie était le modèle des jeunes filles de la paroisse. Tout le monde l'estimait, au point que maintenant encore, après plus de cinquante ans, on parle d'elle au pays. M. le curé de Saint-Médard, qui a bien voulu recueillir les souvenirs qu'on en a gardés, ne nous a transmis que des éloges.

Elle avait, paraît-il, une grande dévotion à la sainte Trinité, chose remarquable qui dénote une âme élevée ; car ce mystère, impénétrable entre tous, n'arrête ordinairement que très peu l'attention des esprits superficiels. C'est le cas de dire : « Bienheureux les cœurs purs; ils verront Dieu[1]! » Sans vouloir pénétrer trop avant dans le secret de la conscience, après avoir sérieusement étudié la vie de mère Antoinette, nous nous croyons autorisé à dire qu'elle conserva toute sa vie la pureté et l'innocence de son baptême. Elle avait du péché une horreur instinctive, l'horreur que chacun a pour le serpent [2]. Au témoignage de tous ceux qui

---

1. Matth. v. 8.
2. « Quasi a facie colubri fuge peccata. » (Eccli. xxi, 2.)

l'ont connue alors, sa jeunesse fut parfaitement pure, et nous verrons ce que fut sa vie religieuse.

Oui, bienheureux les cœurs purs, ils verront Dieu! On est ému en pensant à cette jeune paysanne dont les yeux du corps étaient si faibles qu'elle ne pouvait les appliquer ni à lire ni à coudre; mais dont les yeux de l'âme étaient ouverts aux plus sublimes mystères, et qui faisait ses délices de méditer sur la sainte Trinité!

Les cœurs purs sont attirés vers la Vierge Immaculée par un invincible attrait. Tous les jours, la fervente jeune fille disait son chapelet, s'entretenant affectueusement avec Celle qu'elle ne nommait que sa bonne Mère du ciel. Elle lui demandait bien des grâces, mais surtout celle de devenir un jour l'épouse de son divin fils Jésus. Car la pensée de la vie religieuse la poursuivait sans cesse; à chaque instant on l'entendait s'écrier : « Ah! si je pouvais entrer dans un couvent, je me croirais à jamais heureuse! » Bien loin de la détourner, ses parents, vraiment chrétiens, n'estimaient aucun bonheur comparable à celui de donner à Dieu une de leurs enfants. Mais Marie était si petite, si faible, si maladive! de quelle utilité serait-elle dans une maison religieuse ? « C'est vrai, répondait la pauvre enfant, je ne suis bonne à rien ! »

Cependant, l'institut des sœurs de la Charité de Nevers avait à sa tête mère Ursule Bastit, parente de la famille Vabre. On lui avait souvent écrit au sujet de Marie, de ses aspirations vers la vie religieuse, de ses excellentes qualités. Mais la vénérable supérieure, songeant à la santé chétive de sa nièce, à la cécité complète dont elle était menacée, craignait de faire du népotisme et hésitait. Enfin, les supplications devinrent tellement pressantes que mère Ursule, après avoir prié Dieu avec ferveur et obtenu l'assentiment du conseil de la congrégation, donna une réponse affirmative. Marie transportée de joie fit ses préparatifs de départ. Elle dit adieu à ses parents non sans verser bien des larmes; une dernière fois, elle alla s'agenouiller à l'église où elle avait prié si souvent; elle arrêta un dernier regard sur son pays qu'elle ne devait plus revoir, et elle prit la route de Nevers. Elle avait vingt et un ans.

A cette époque, le voyage était long de Saint-Céré à Nevers : tandis que notre postulante l'accomplit sous la garde de son bon ange, faisons connaissance avec la congrégation qui va lui ouvrir ses bras.

C'est la congrégation des *Sœurs de la Charité et de l'Instruction chrétienne.* Cette dénomination nous révèle le but de l'institut : les sœurs de Nevers enseignent et agissent. Eclairer les âmes, soigner les misères humaines, telle est leur double mission. Mais elles n'oublient pas que les âmes sont créées pour le ciel; dans les malades, dans les pauvres, elles voient les membres souffrants de Jésus-Christ : partout et toujours elles portent au cœur la flamme sacrée du zèle pour la gloire de Dieu et pour le salut de leurs frères. Afin de se faire toutes à tous, de tout gagner à Jésus-Christ, elles embrassent toutes les œuvres : pensionnats, orphelinats, ouvroirs, salles d'asile, hospices, maisons de vieillards, de sourds-muets, d'aveugles et d'aliénés, prisons, pénitenciers et refuges. Leur famille est excessivement nombreuse; elles possèdent ou dirigent un nombre considérable d'établissements de bienfaisance.

Les sœurs de Nevers sont *religieuses,* liées à

Dieu par les vœux de pauvreté, d'obéissance et de chasteté. Leur esprit est essentiellement celui de l'humilité et de la modestie, celui du divin Maître qui disait : « Je suis venu pour servir, non pas pour être servi [1]. » Aussi n'y a-t-il parmi elles aucunes distinctions de rang, de costume, de manière de vivre. Quels que soient les emplois qu'on leur confie, toutes doivent demeurer sœurs, ne faire qu'un seul cœur et qu'une seule âme.

Pour l'union indispensable de la vie contemplative à la vie active, elles ont des exercices de piété qui, tout en leur laissant beaucoup de liberté pour les œuvres charitables, tiennent néanmoins leur âme sans cesse en la présence de Dieu. Deux fois le jour, elles doivent faire oraison, s'appliquant particulièrement à la méditation des souffrances, de la passion et de la mort de Jésus-Christ. Ne faut-il pas qu'une véritable religieuse, une véritable sœur de charité et servante des pauvres, en arrive à pouvoir dire avec l'apôtre saint Paul : « Je suis attachée à la croix avec Jésus-Christ [2] ? » Sans entrer dans le détail des

---

1. Marc x, 45.
2. Galat. ii, 19.

*constitutions* des sœurs de Nevers, disons simplement qu'en les attachant à des œuvres souvent très matérielles, elles leur donnent comme deux ailes pour s'élever vers Dieu, l'oraison et la pureté d'intention.

L'institut compte juste deux siècles d'existence; il date de l'année 1682. Laissons un docte écrivain [1] nous tracer le portrait de son saint fondateur.

« Vers le déclin de ce dix-septième siècle, dont la vigoureuse jeunesse avait vu, sur notre sol de France, refleurir le Carmel, s'épanouir la Visitation, germer et s'étendre la congrégation formée par saint Vincent de Paul, vivait à Saint-Saulge, en bon pays de Nivernais, un religieux bénédictin, dont la vie, ignorée du monde, s'écoulait sous l'œil de Dieu dans l'exercice des œuvres de charité. L'amour qu'il avait pour ses frères les pauvres était si grand, que, peu satisfait de leur procurer en temps ordinaire la nourriture et le vêtement, il les assistait dans leurs maladies, se faisant à la fois le médecin et l'infirmier de ceux qui n'en avaient point d'autres.

---

1. Mgr Crosnier, *Vie de Mgr Dufêtre, évêque de Nevers*, ch. IX, page 179.

» Cependant, jaloux d'étendre à tous les membres souffrants de Jésus-Christ le dévouement qu'il prodiguait lui-même à quelques-uns d'entre eux, il conçut le projet de confier à quelques pieuses servantes de Dieu, façonnées par ses mains, le soin des pauvres femmes malades et l'éducation des jeunes filles abandonnées. Les saints suscités d'en haut pour fonder une œuvre féconde, ne sont jamais solitaires dans le champ de l'Eglise; autour de ces astres bénis, de dociles satellites viennent se grouper à l'heure marquée, pour les suivre dans leurs évolutions. »

Le fervent bénédictin était dom Jean-Baptiste de Laveyne; ses premiers aides furent deux jeunes personnes de Saint-Saulge, à l'âme vraiment forte, et capables des plus héroïques sacrifices, Marie de Marchangy et Anne le Geai. Bientôt, doté de sages constitutions, œuvre de dom de Laveyne, visiblement béni de Dieu, le nouvel institut établit son centre à Nevers, et l'évêque de cette ville en devint le supérieur général.

Nommons quelques-unes des saintes religieuses que les sœurs de Nevers proclament avec raison leurs mères : Marie Scholastique que Dieu orne du don des miracles, qui guérit presque subitement le cardinal de Fleury d'une effroyable plaie à la jambe; Marcelline Pauper, proclamée par le peuple la « perle du Nivernais, » et comparée par dom de Laveyne à sainte Catherine de Sienne; Charlotte de Richemont; Madeleine de la Croix-Balham; Louise Moreau; Anne-Marie de la Martinière, et tant d'autres, qui toutes travaillent avec un zèle infatigable à la diffusion de l'institut. En 1720, à la mort de dom de Laveyne, la maison mère de Nevers comptait soixante-quinze succursales; en 1789, il y en avait cent quarante.

Les sœurs de la Charité et de l'Instruction chrétienne s'étaient conservées pures de toute atteinte de l'hérésie du jansénisme; la Révolution les trouva inébranlables dans leur fidélité à Jésus-Christ. Il n'y en eut pas une seule dans tout l'institut qui trahit ses engagements et se laissa effrayer par les menaces de prison et de mort.

A Nevers, les agents de la République se présentent un jour devant les vingt-huit sœurs qui occupaient la maison mère, et les somment de prêter le serment sacrilège : « Nous sommes prêtes à mourir, répondent-elles ; mais renoncer à la foi de nos pères, jamais! » On les précipite dans un obscur cachot où elles n'ont pour lit que la terre nue, et pour nourriture qu'un morceau de mauvais pain ; mais elles sont heureuses et s'exhortent les unes les autres à marcher à l'échafaud avec courage. Cependant, les mariniers de la Loire, les hommes du peuple, les pauvres, font entendre leurs réclamations : « Rendez-nous nos mères! » Le Directoire est contraint de céder, et les sœurs sont reconduites triomphalement dans leur maison.

Le souverain pontife Pie VII, lors de son séjour en France, bénit les sœurs de Nevers pour leur admirable conduite. Et, en 1870, ayant à ses pieds Mgr Forcade, évêque de Nevers, la mère Joséphine Imbert, supérieure générale, et sa secrétaire, Pie IX renouvela cette bénédiction, puis approuva et confirma les constitutions de l'institut.

---

Telle est la sympathique congrégation au sein de laquelle Marie Vabre, notre héroïne, fut admise en 1824, et où nous allons la voir pendant cinquante-huit ans grandir en vertus et en mérites. La maison mère était alors installée dans les bâtiments de l'ancienne Visitation de Nevers qu'un décret impérial du 13 avril 1806, confirmé par un autre décret impérial du 3 février 1808, puis par une ordonnance royale du 19 novembre 1817, avait concédés aux sœurs de la Charité et de l'Instruction chrétienne [1]. Mère Ursule Bastit gouvernait la communauté en qualité de supérieure générale. Elle était du nombre des vingt-huit sœurs que nous avons vues, il n'y a qu'un instant, confessant Jésus-Christ avec un si grand courage. Ame énergique autant que pieuse, elle allait droit à Dieu, et s'efforçait de communiquer à ses novices cette dévotion loyale et simple qui sied si bien à une sœur de Charité.

A la vue de sa nièce, la première impression de la vaillante supérieure ne fut pas des plus favorables. « Ma pauvre enfant, que vous êtes petite, lui répétait-elle ; jamais vous ne serez capable de remplir un emploi ! Efforcez-vous au moins d'être aussi grande en vertu que vous êtes petite en taille. »

---

1. L'institut a reçu une existence légale par décret du 19 janvier 1811.

Marie Vabre se mit à l'œuvre avec une ferveur admirable : tout la charmait dans cette vie de travail, de recueillement et de prière. Quand vint la solennité de la prise d'habit, ce fut avec enthousiasme qu'elle se dépouilla des vêtements du siècle pour prendre la glorieuse livrée des épouses de Jésus-Christ. Mais, souvent malade, toujours languissante, tourmentée par des peines intérieures, la pieuse novice gravissait un rude calvaire. Divine école de la croix et du sacrifice ! Elle en sortira peu savante selon le monde, mais bien riche en vertus, bien sage selon Dieu. C'était le mot de la maîtresse des novices : « peu savante, mais très vertueuse. »

Mère Ursule n'avait pas tardé à reconnaître une grande âme dans le corps faible et délicat de sa nièce. Aussi l'encourageait-elle de son mieux, se disant : « si elle ne peut travailler beaucoup, du moins elle priera avec ferveur. » De temps en temps, surtout quand il faisait froid, elle l'appelait dans sa chambre, l'asseyait auprès d'un bon feu et l'exhortait à la pratique des vertus. Ses paroles tombaient dans un cœur bien préparé : sœur Marie n'en oubliait aucune ; elle les méditait et se les appropriait avec un zèle qui a fait dire que « l'âme de la tante était passée dans la nièce. » Même humilité, même dévouement infatigable, même exactitude pour l'observation des règles, même loyauté vis-à-vis de Dieu et des hommes.

Ainsi se passèrent les dix-huit mois du noviciat, et la cérémonie de profession religieuse fut annoncée pour le 6 août 1826. Sœur Marie ne sera pas admise, se disaient les novices avec tristesse, elle est trop maladive, trop faible ! Même les conseillères le lui avaient laissé entrevoir, et par délicatesse, la supérieure se taisait. La pauvre enfant avait le cœur bien gros et essayait de dire : « que la volonté de Dieu soit faite ! » Ses compagnes qui la chérissaient priaient pour elle avec ferveur. Enfin, arriva le moment du grand conseil où les supérieures votent au scrutin secret pour l'admission ou le refus des sujets. Tout le monde était persuadé que pour Marie Vabre il n'y aurait presque que des *non*. Quand on dépouilla ce scrutin, il n'y avait que des *oui*. Ainsi l'humble violette se dissimule et se cache; mais son parfum a un charme irrésistible, et il n'y a qu'une voix pour lui donner une des premières places parmi les fleurs.

Marie Vabre, au comble de la joie, fit sa retraite

préparatoire ; puis elle prononça ses vœux d'obéissance, de pauvreté, de chasteté. Elle reçut le nom de sœur Antoinette, et chanta le *Te Deum* d'actions de grâces ! Jusqu'au déclin de sa longue vie, on l'entendit répéter bien souvent : « J'ai eu deux jours incomparables : celui de ma première communion, celui de ma profession religieuse. »

Le lendemain de la cérémonie, mère Ursule Bastit fit venir sa nièce et lui dit : « Mon enfant, vous êtes nommée à la Charité de Chalon-sur-Saône. »

# CHAPITRE II.

### SŒUR ANTOINETTE A LA CHARITÉ DE CHALON-SUR-SAONE
#### (1829-1842.)

Chalon-sur-Saône. — L'hospice Saint-Louis. — Sœur Antoinette à la salle des hommes. — M. l'abbé Mazeau. — Sœur Antoinette à la salle des femmes, puis à l'ouvroir des jeunes filles. — Idée première de l'asile de Marie.

Chalon est une jolie ville de 22,000 âmes, gracieusement assise sur les rives de la Saône, au milieu de riches prairies. Ses places spacieuses, ses rues dont plusieurs ont conservé une physionomie et une dénomination tout à fait moyen âge, présentent l'animation, l'entrain d'une cité intelligente, active, commerçante. Sa vieille cathédrale gothique, placée sous le vocable de saint Vincent, martyr, vient d'être merveilleusement restaurée, grâce au zèle éclairé d'un pieux et vénéré pasteur [1]. La nef principale et le chœur, avec leurs colonnes élancées, leurs délicates tribunes, leurs vastes fenêtres, leurs voûtes hardies,

---

[1] M. Elie-Benoît Gardette, provicaire de Chalon-sur-Saône, mort le 2 août 1878.

forment un ensemble plein d'harmonie et de grandeur. Quand la fervente religieuse dont nous esquissons la vie passait devant Saint-Vincent, jamais elle ne manquait d'en franchir le seuil : c'était pour elle une douce consolation et un plaisir toujours nouveau dont elle parlait souvent. Vous l'eussiez vue agenouillée, dissimulée dans l'ombre d'un pilier, la tête dans ses mains, priant pour ses pauvres, pénétrant son cœur de la présence de Dieu, remplissant son âme de la suave poésie du saint lieu. Puis, avec une ardeur nouvelle, elle continuait ses œuvres de charité.

Les anciens historiens bourguignons parlent volontiers des sentiments de religion et de générosité qui ont toujours caractérisé le bon peuple de Chalon [1]. Maintenant encore, la ville possède

---

1. Rien de touchant comme le tableau des mœurs des Chalonnais au quinzième siècle tracé par l'historien Saint-Julien, mort doyen du chapitre de Chalon en 1593. Le voici d'après Courtépée, *Description du duché de Bourgogne*, tome III, p. 209, édition Victor Lagier, Dijon.

« Chacun assistait dès le matin aux prières publiques, et ne
» manquait jamais les dimanches à la messe paroissiale. Les vieil-
» lards, aussi respectés qu'à Lacédémone, étaient les pères de
» la jeunesse, qui les visitait et les consultait en tout. Une
» femme qui eût fait tache à son honneur ne trouvait plus
» de place parmi les dames honnêtes, et était exclue de toute

nombre d'œuvres de piété et de bienfaisance, toutes très utiles et florissantes. Aussi bien, la fondation de l'asile de Marie que nous allons raconter, prouve-t-elle l'excellent cœur des Chalonnais, en même

» bonne compagnie. L'usure y était inconnue. Tous les Chalon-
» nais se traitaient de *cousins*, et la ville ne paraissait qu'une
» famille.

» Les procès étaient rares ; à peine y avait-il six avocats. Le
» greffe du bailliage ne rapportait que 100 livres. La police
» était si bien observée en cette ville, qu'on eût dit que chacun
» *y était logé par fourriers,* selon la différence des professions.
» Les rues étaient distinguées par métiers. On voyait la rue
» des *Cloutiers,* des *Chaudronniers,* des *Tonneliers,* celle des
» *Rôtisseurs,* des *Prêtres,* des *Nobles*; le reste était pour les
» bourgeois, les marchands et autres qui travaillent *sans en-*
» *nuyer du bruit de leur voisinage.* »

Courtépée lui-même nous parle avec admiration de la générosité du corps des marchands chalonnais pendant la disette de 1771, et il cite la lettre de félicitations que le ministre leur envoya au nom du roi.

« Monsieur,

» Les négociants de Chalon-sur-Saône méritent toutes sortes
» d'éloges : rien en effet n'est plus louable que le zèle d'honnêtes
» citoyens qui aident de leur crédit et de leurs ressources leurs
» compatriotes, et qui travaillent avec autant de générosité au
» soulagement des peuples. Vous pouvez, Monsieur, leur faire
» savoir que je n'ai pas laissé ignorer au roi leur désintéres-
» sement; vous voudrez bien les assurer de sa satisfaction. »

Voilà, concluait Courtépée, quelques années plus tard, les véritables amis des hommes, et non ces nouveaux docteurs qui barbouillent tant de papier pour prétendre que la disette vaut mieux que l'abondance, et que tout est bien, quand tout est cher.

temps que le zèle de mère Antoinette. C'est beaucoup d'avoir l'initiative d'une grande œuvre, mais l'argent est le nerf des œuvres, comme celui de la guerre.

Avant d'introduire notre nouvelle professe à l'hospice Saint-Louis, où s'écouleront dix-huit années de sa vie et où elle concevra l'idée de son œuvre, qu'il nous soit permis d'exposer rapidement l'histoire, le but et le fonctionnement de cette importante maison.

Jean XIII de Maupeou, ancien aumônier de Louis XIV et évêque de Chalon, 1660-1677, était un prélat de haute piété[1]. Son plus grand bonheur, après avoir satisfait aux graves devoirs de sa charge épiscopale, était de visiter les malades et les pauvres, de catéchiser les enfants de la campagne, de travailler de toutes ses forces à la diffusion de l'instruction religieuse. Il avait pu se convaincre par lui-même du sort malheureux des vieillards, des infirmes, des orphelins. Aussi, nourrissait-il dans son cœur le projet d'un hospice général où tant de misères physiques et

---

1. *Notice historique sur l'Église d'Autun,* page 422. Autun, Dejussieu.

morales seraient soignées avec le zèle et la tendresse que la religion inspire.

Dès l'année 1666, quelques dames de la ville, sur les conseils de leur saint évêque, avaient réuni douze pauvres jeunes filles ; elles les avaient logées dans une maison de louage, rue Saint-Antoine, et les avaient confiées à deux demoiselles de piété et de dévouement. Maîtresses et pauvres filles vivaient d'aumônes et du produit modeste de leurs humbles travaux.

Le public les baptisa bientôt *filles de la Charité.*

Mais voici que de violentes contradictions s'élèvent tout à coup de la part des autorités civiles : cette nouvelle œuvre, dit-on, va nuire à l'hôpital des malades, changer la direction des offrandes et des charités publiques ! L'évêque fut obligé d'en référer au roi Louis XIV qui, par une lettre de cachet du 29 mars 1669, écrite de la main de M. de Colbert, ministre et secrétaire d'État, approuva hautement le projet de Monseigneur de Maupeou, et lui promit aide et protection. Cependant, les démêlés continuèrent ; un procès s'engagea entre l'évêque et les magistrats : les filles de la Charité furent chassées de la maison achetée pour elles en l'île Saint-Laurent.

Sur ces entrefaites, Monseigneur de Maupeou vint à mourir. Son successeur, Monseigneur Henri-Félix de Tassy, continua l'œuvre avec ce savoir-faire affable et ingénieux dont il avait le secret [1]. Les filles de la Charité, qu'une vertueuse dame avait recueillies pendant l'orage, et dont le nombre s'élevait jusqu'à trente, furent installées rue du Châtelet, dans la maison de M$^{me}$ la vicomtesse de Thézu.

Enfin, quelques années plus tard, on achetait, au faubourg Sainte-Marie, le logis du Barbeau où cabane de pêcheur. Là furent jetés les premiers fondements du vaste hospice qui existe aujourd'hui et que Louis XIV lui-même plaça sous le vocable et le patronage de saint Louis. Afin de se procurer les sommes nécessaires, Mgr Henri-Félix fit personnellement la quête par toute la ville. Son zèle et sa bonté gagnèrent tous les cœurs à la cause des pauvres. L'entreprise, d'abord tant méprisée et si violemment combattue, devint une des principales œuvres chalonnaises ; ce fut à qui rivaliserait de générosité. Les grands donnaient l'exemple, disent les anciens mémoires ; et toutes

---

1. *Notice chronologique*, page 424.

les classes de la société le suivaient; une pauvre servante ne mourait pas sans laisser par testament son offrande à l'hospice Saint-Louis. La maison, vulgairement appelée *la Charité*, prit donc rapidement le développement que nous lui voyons : toutes les souffrances, toutes les misères y sont recueillies. Vieillards, hommes et femmes, infirmes, incurables, enfants délaissés, orphelins et pauvres filles trouvent à l'hospice Saint-Louis des soins assidus et les fortifiants secours de la religion. [1]

Jusqu'en 1752, la maison fut desservie par des demoiselles charitables qui apportaient leur dévouement, souvent un grand nom et une fortune considérable. Mais, à cette époque, des abus regrettables s'étant introduits parmi elles, on fit un règlement, on érigea une communauté qui fut dite du *Saint-Sacrement.* Il devait y avoir un noviciat, une profession et des vœux, le tout sous l'autorité de l'évêque de Chalon [2]. Le nombre des

---

1. Peut-être nous reprochera-t-on d'avoir trop insisté sur cet historique de l'hospice Saint-Louis. Notre but a été de montrer comment ont été fondés, pour la plupart, les hôpitaux et les hospices de nos villes.

2. Le titulaire était alors Mgr François Madot, évêque de Chalon de 1711 à 1753. (*Notice chronologique*, page 428.)

sœurs serait au moins de huit. Pour donner une forme à cette congrégation nouvelle, on appela deux sœurs du Saint-Sacrement de Mâcon récemment fondé par M. Agut, prêtre de grand mérite et de solide vertu. Longtemps, la petite association s'acquitta de ses devoirs avec zèle et édification. Mais, vers 1820, le défaut de sujets ayant obligé les sœurs à recevoir des filles sans vocation religieuse, le besoin d'une réforme se fit vivement sentir. Comment accomplir cette réforme? Les difficultés étaient si grandes que le bureau, d'accord avec l'évêque d'Autun [1], se décida à remercier les sœurs du Saint-Sacrement. Leur congrégation fut dissoute en 1823 [2], et M. Bauzon, curé de Saint-Vincent, demanda et obtint des sœurs de la Charité de Nevers.

Sous l'habile direction de la nouvelle supérieure, mère Rosalie Delpech, tout prit bientôt une nouvelle forme. Les sages règlements furent remis en vigueur; à un gaspillage insensé succédèrent des

---

1. Mgr Roch-Étienne de Vichy.
2. Cette petite congrégation, uniquement pour le service de la Charité, était indépendante de la congrégation du *Saint-Sacrement*, établie à Mâcon vers 1760, autorisée le 26 décembre 1810, et dont la maison mère a été transférée à Autun en 1837.

habitudes d'ordre et d'économie; des dettes considérables furent payées; et là où chacun n'agissait auparavant que d'après son bon plaisir, régna désormais cet esprit de subordination indispensable dans une maison composée d'éléments si divers.

Un jour donc de l'année 1826, une jeune sœur de vingt-trois ans, timide et modeste, descendait de la diligence et allait frapper à la porte de l'hospice Saint-Louis. Mère Rosalie vint la recevoir; mais dès qu'elle l'aperçut: « O mon Dieu ! se dit-elle, moi qui avais demandé à Nevers une sœur pour la salle des hommes, et voilà ce qu'on m'envoie ! » Néanmoins, sans rien laisser paraître de ses impressions, elle embrassa tendrement la jeune sœur et lui demanda son nom : « Mon nom de famille est Marie Vabre; mon nom de sœur est Antoinette. » — « Allons! vous serez notre petit saint Antoine, mais vous n'habiterez pas un désert. Venez faire connaissance avec la communauté. » Et la bonne mère entraîna sœur Antoinette déjà toute rassurée et toute contente.

La première impression de la communauté fut la même que celle de mère Rosalie : « Qu'elle est petite! se disaient les sœurs les unes aux autres avec tristesse, qu'elle a l'air souffrant! jamais elle ne pourra s'acquitter de son emploi. Nous sommes déjà surchargées d'ouvrage : c'est un sujet robuste que nous demandions et qu'il eût fallu nous envoyer! » Toutefois, les charitables sœurs firent bon accueil à la nouvelle venue.

Mais il n'en fut pas tout à fait de même de la part des vieillards. Représentez-vous une grande salle où une quarantaine d'hommes sont rangés autour d'une grande table. Les uns causent; d'autres gémissent appuyés sur des bâtons ou sur des béquilles; d'autres s'occupent à quelques petits travaux. Tout à coup la porte s'ouvre : c'est la supérieure qui entre; le silence se fait. « Mes bons amis, dit la chère mère en présentant sœur Antoinette, voici *votre sœur* qui nous arrive de Nevers!» Pauvre petite sœur Antoinette! quelle humiliation! Un robuste gaillard d'au moins six pieds se lève, et la regardant du haut de sa grandeur et de son insolence : « Qu'est-ce que c'est que ça! » dit-il. Sœur Antoinette se contenta de sourire doucement, sans perdre contenance. Elle, si timide au premier abord, se montra forte devant l'insulte. Mère Rosalie qui l'observait fut ravie et édifiée ; le soir elle disait à sa communauté : « Sœur Antoinette est petite de corps, mais elle a une grande âme ; vous la verrez à l'œuvre. » [1]

Bientôt en effet on la vit à l'œuvre, et chacun fut dans l'étonnement. Les sœurs admiraient dans une toute jeune religieuse des vertus déjà consommées. Quelle régularité pour tous les exercices de la communauté ! bien habile celui qui la prendrait en défaut. Quelle ferveur dans les exercices de piété ! Quelle charité patiente et douce ! jamais un mot plus haut qu'un autre ; jamais une plainte, un murmure, une petite marque de fatigue ou d'ennui. Surtout quelle humilité ! oh ! elle se regardait bien vraiment, et avec une conviction profonde, comme la dernière de toutes, comme la plus ignorante, la plus maladroite, la plus inutile.

Mère Rosalie était ravie de son obéissance, la voyant, au moindre commandement, aller, venir, s'envoler comme un petit oiseau. C'est la gracieuse

---

[1]. Tous ces détails nous ont été donnés par sœur Henriette, une des premières sœurs de Nevers venues à Chalon en 1823, encore pleine de gaieté, et, quoi qu'elle en dise, ayant toujours très bonne mémoire.

comparaison des vieux auteurs ascétiques relativement à cette vertu fondamentale de l'obéissance. A terre ou sur une branche, l'oiseau n'est que posé; au plus léger bruit, il déploie ses ailes et s'envole. Ainsi le parfait religieux, sur un signe de son supérieur, quitte tout, est prêt à tout.

Mais rien n'égala bientôt la vénération et l'affection des bons vieillards pour leur jeune sœur. Du matin au soir, elle était toute à tous, douce et indulgente pour tous. Elle avait parfaitement compris qu'elle devait ne laisser paraître de préférence pour personne, et avoir les mêmes égards et les mêmes prévenances pour chacun de ses vieillards. Car la jalousie se glisse très facilement dans ces réunions de pauvres, et malheur à la sœur de charité qui semblerait avoir plus d'empressement et de soins pour les uns que pour les autres!

Un autre écueil auquel viennent parfois se briser un zèle et un dévouement pourtant sincères, c'est une trop grande condescendance vis-à-vis du règlement. Dans une maison de charité, il faut de toute nécessité un règlement; règlement bien doux assurément, bien facile, mais auquel les supérieurs doivent tenir avec fermeté. Sœur Antoinette, du premier jour, s'en était rendu compte. Aussi, toute bonne qu'elle fût vis-à-vis des vieillards, elle ne laissait pas de temps en temps de se montrer énergique. Il lui fallut tenir tête à des hommes trois fois plus grands et plus gros qu'elle ; réprimander de vieux amis de la bouteille dont la patience n'était pas précisément la vertu dominante : elle s'en tirait à merveille. Les coupables ne trouvaient pas un mot à répondre à ses observations nettes et précises, et s'en allaient l'oreille basse.

Souvent aussi il lui fallut essuyer bien des paroles blessantes. Elle affectait de ne pas comprendre, et rien ne trahissait au dehors la douleur qu'elle devait éprouver intérieurement. Quand l'intention de la blesser ou de lui faire de la peine était par trop évidente, alors elle se contentait d'un imperceptible haussement d'épaules, et souriait doucement. Non-seulement chez les vieillards de la Charité, mais dans tout le cours de sa longue vie, jamais on ne l'a entendue répondre à une parole offensante, ni montrer la moindre vivacité devant l'injustice ou la grossièreté. Au rapport de ses nombreuses contemporaines, on eût dit qu'elle savourait les humiliations comme un bonbon délicieux.

Toutefois, nous devons le proclamer à la louange des vieillards de Saint-Louis, il ne leur fallut pas beaucoup de temps pour connaître, estimer et aimer cette jeune sœur si humble en apparence, déjà si riche en vraie vertu. Ils lui donnèrent bientôt toute leur confiance, et Dieu sait qu'elle n'en usa jamais qu'en vue des deux pures ambitions de son cœur : le salut des âmes et la gloire de son céleste Époux.

Elle avait, dit-on, un tact extraordinaire pour discerner la porte à ouvrir dans une âme depuis longtemps fermée à la religion, afin d'y faire entrer le bon Dieu. Elle pansait les plaies parfois horribles et repoussantes des infirmes avec tant de délicatesse et de bonne humeur! Elle savait si bien s'intéresser aux peines et aux joies de chacun de ses vieillards, leur parlant de leur famille, de leurs enfants, ne craignant pas de faire raconter aux vieux grognards leurs campagnes et leurs hauts faits d'armes! Elle venait si souvent au chevet des malades, leur prodiguer ses soins et ses encouragements! Et puis elle parlait de Dieu avec tant d'à-propos et d'onction! Elle savait si bien enlever les regards et les cœurs vers le crucifix! Pendant les dix années que sœur Antoinette passa au service des pauvres vieillards, pas un seul ne mourut sans les secours de la religion. Et certes, il y avait parmi eux plus d'un prétendu philosophe, plus d'un voltairien forcené ! La chère sœur ne s'inquiétait guère des philosophes ni de Voltaire. Elle avait à son service deux arguments vainqueurs : elle priait, elle se dévouait sans cesse.

Après six ans de supériorité à Chalon, mère Rosalie Delpech fut rappelée à la communauté de Nevers, pour y remplir une charge de confiance. Vainement les administrateurs de l'hospice, les pauvres et les sœurs avaient demandé qu'on ne les privât point d'une si bonne mère ; les supérieurs étaient demeurés inflexibles. La mère Angélique Bar, qui lui succéda, ne resta que deux ans ; encore, sa mauvaise santé ne lui permit guère de s'occuper du bien de l'établissement, et tout marcha d'après l'impulsion donnée par mère Rosalie. Mais le 3 février 1832, une femme de grand mérite, destinée à avoir sur la vie de sœur Antoinette une influence considérable, mère Pélagie Gouvernel, fut installée supérieure de Saint-Louis.

Mère Pélagie étudia tout d'abord attentivement ceux avec qui elle était appelée à vivre. L'ensemble était excellent. Mais, entre tous, l'aumônier de l'hospice et sœur Antoinette eurent immédiatement son estime et ses sympathies.

Le portrait de M. l'abbé Mazeau se voit dans la salle du conseil de la Charité, entre ceux des plus insignes bienfaiteurs de l'établissement. La physionomie est grave, intelligente et douce; elle révèle le cœur d'un saint. En effet, au dire de tous ceux qui l'ont connu, et à en juger d'après ses œuvres, l'abbé Mazeau fut un saint prêtre dans toute l'acception du mot. Lorsqu'il mourut, le 4 juillet 1838, il n'avait que trente-huit ans, et n'était aumônier de l'hospice que depuis sept ans. Mais durant ce court ministère, il avait montré de si solides vertus alliées à tant de modestie et d'humilité, que tout le monde le vénérait, et que sa mort fut un deuil non seulement pour Saint-Louis mais pour la ville entière. On a pu redire sur la vie de ce prêtre selon le cœur de Jésus-

Christ la parole prononcée sur Jésus-Christ lui-même : « Il a passé en faisant le bien ! »[1]

Bien d'autant plus profond et véritable qu'il était plus caché : une humble chapelle, le chevet des infirmes et des agonisants, de pauvres vieillards, des orphelins ! O Dieu de ceux qui souffrent et qui pleurent, soyez connu et aimé dans les asiles de la misère et de la pauvreté ! O divin Crucifié, étendez toujours vos bras sanglants et miséricordieux au-dessus du lit de ces infirmes, de ces malades ; au-dessus de la tête de ces pauvres enfants que leurs pères et leurs mères ont abandonnés ! Et que vos ministres puissent toujours faire briller aux yeux des déshérités de ce monde les sublimes enseignements de la foi, et verser dans leur cœur les douces consolations du ciel ! Impossible de retenir sur ses lèvres une semblable prière quand on considère l'action bienfaitrice de la religion dans un hôpital, dans une maison de pauvres ou d'orphelins.

Les plus endurcis ne purent résister à l'ardeur du zèle de l'abbé Mazeau et à la force de sa douceur. Aussi n'y eut-il bientôt plus personne qui

---

[1]. Act. x, 38.

négligeât ses devoirs. Matin et soir, la prière se faisait dans chaque salle avec grande piété, et tout le monde y prenait part. Le dimanche et les jours de fêtes, ces bons pauvres s'approchaient nombreux de la table sainte, et il n'y en avait pas un seul qui manquât aux divins offices. Avec les habitudes chrétiennes, la paix, la charité et le bonheur qui en est la conséquence fleurirent bientôt partout. Les haines, les jalousies s'effaçaient insensiblement ; d'incorrigibles buveurs se convertissaient; des hommes violents et emportés devenaient des modèles de douceur.

Pour réussir dans son œuvre, l'abbé Mazeau ne comptait point sur lui-même, mais uniquement sur la grâce de Dieu et sur l'assistance de la céleste Mère que l'on n'invoque jamais en vain. Voici quelques paroles qu'il adressa un jour à la communauté réunie : « Mes chères sœurs, mes
» bons amis, je reviens de Lyon où j'ai fait, au
» nom de vous tous, un pèlerinage à Notre-Dame
» de Fourvière. Prosterné devant l'autel de Marie,
» dans son sanctuaire privilégié, j'ai voué et con-
» sacré notre hospice, nos personnes, nos cœurs
» et nos âmes à cette Reine du ciel et de la terre.
» Je vous demande, mes bons amis, de ratifier ce

» vœu chacun en votre particulier, et je ne doute
» pas que Marie ne nous obtienne à tous beaucoup
» de grâces, surtout la grâce d'une sainte mort. »

Les hôtes de Saint-Louis firent ce que leur aumônier avait demandé; et, chose remarquable, à partir de ce moment et durant plusieurs années, tous ceux que Dieu rappela à lui moururent un samedi ou un jour de fête de la sainte Vierge. Marie ne montra-t-elle pas ainsi combien elle avait eu pour agréable le vœu de son serviteur?

L'abbé Mazeau fut inhumé dans le petit cimetière attenant au jardin de l'hospice. Ses pauvres bien-aimés venaient souvent s'agenouiller sur son tombeau et y déposer des fleurs. Ils attribuèrent même à l'efficacité de son intercession auprès de Dieu plusieurs grâces obtenues, et on lit dans le registre de communauté des sœurs : « Nous avons été témoins d'une guérison, suite d'une neuvaine faite sur sa tombe. »

Tel fut le prêtre que Dieu donna pendant sept ans à sœur Antoinette pour directeur et pour conseiller. Nous allons dire à travers quelles voies difficiles et épineuses il eut à la conduire. Auparavant, notons une confidence intime qu'il fit maintes fois à son ami de cœur devenu l'un des

prêtres les plus distingués du diocèse d'Autun [1] :
« Sœur Antoinette, c'est ma sainte ! »

Au moment où mère Pélagie arriva à Chalon, sœur Antoinette n'était plus à la salle des hommes. Sa santé très faible en elle-même et encore ébranlée par de nombreuses maladies inspirant de vives inquiétudes, mère Angélique Bar jugea nécessaire de lui donner auprès des femmes un emploi moins pénible et plus facile. Dans sa nouvelle charge, la sainte religieuse montra le même dévouement, la même vertu attrayante et douce. On la nommait l'Ange de la Charité. Et sous la blanche cornette, sa figure maigre et pâle, presque diaphane, parfois légèrement colorée, semblait émettre de célestes reflets.

Mais l'heure des grandes épreuves avait sonné. Les vrais serviteurs de Dieu ne doivent-ils pas, comme l'or, passer par le creuset et par le feu ? Sous l'action régénératrice de la souffrance, l'âme

---

1. M. l'abbé Juillet, vicaire général d'Autun.

se purifie, se transforme, s'élève insensiblement au-dessus des intérêts vains et personnels pour ne plus rechercher que la gloire de Dieu !

L'humble petite sœur Antoinette était prédestinée à de grandes choses ; aussi rien ne lui fut épargné : souffrances physiques de tous les jours, surtout de toutes les nuits ! peines morales inconcevables, découragements, scrupules ! A charge à elle-même, se croyant à charge à tout le monde à cause des fréquentes maladies qui l'empêchaient de s'acquitter de son emploi, elle s'en allait dans l'endroit le plus solitaire de la maison ou dans le coin le plus obscur de la chapelle. Là, agenouillée, le front contre la muraille, elle pleurait amèrement. Un jour, sœur Henriette, sa compagne et son amie, la trouve ainsi pâle et tout en larmes. Émue, elle court auprès de l'abbé Mazeau. « Mon père, lui dit-elle, venez vite, sœur Antoinette est malade, elle pleure ! » — « Non, non, répondit l'éminent directeur, laissez-la, c'est l'œuvre du Seigneur qui s'accomplit ! » Et quand la pauvre sœur venait lui confier ses angoisses et ses troubles, il affectait de la gronder doucement : « Ma sœur, vous n'avez pas de courage, souvenez-vous de la parole de l'Esprit-Saint : Bienheureux, l'homme qui souffre la tentation, car après l'épreuve il recevra la couronne de vie ! » [1]

Au commencement de l'année 1833, on crut que la couronne de vie était prête et que les épreuves de sœur Antoinette touchaient à leur terme. Mais admirez les desseins de la Providence ! Gravement malade, étendue sur un lit de souffrances cruelles, la servante de Dieu et des pauvres allait mourir. On le lui avait annoncé, et, sans doute, elle avait tressailli de joie, disant avec le psalmiste : « J'irai dans la maison de Dieu [2] ! » La triste nouvelle s'était répandue dans la maison, et partout des larmes et des sanglots : « Sœur Antoinette est mourante, on va lui donner les derniers sacrements. Oh ! pauvre chère sœur Antoinette ! » Bientôt en effet une humble procession s'organise de la chapelle à l'infirmerie, à travers les longs corridors. L'aumônier porte le saint Viatique ; les sœurs l'accompagnent avec des cierges allumés, puis, les pauvres vieilles femmes accablées de douleur. Toutes ont voulu voir une dernière fois leur bienfaitrice et leur amie. Le prêtre fait une exhortation touchante, et

---

1. Saint Jacques, I, 12.
2. Ps. CXXI, 1.

déposant l'hostie consacrée sur les lèvres de la mourante : « Ma sœur, dit-il, recevez le viatique du corps de Notre-Seigneur Jésus-Christ ; qu'il vous garde des attaques de l'esprit méchant ; qu'il vous conduise à la vie éternelle. Ainsi soit-il ! »[1] Ainsi soit-il, répondent tous les assistants... Sœur Antoinette avait le sourire sur les lèvres ! « Mon enfant, poursuivit le prêtre, humiliez-vous devant le Dieu que vous possédez au dedans de vous-même, je vais vous donner l'extrême-onction. »

L'auguste cérémonie commença. Tout le monde pleurait. Surtout une femme bien au-dessus de sa situation par l'esprit et par le cœur, que de grands revers de fortune avaient mise dans la nécessité de réclamer une place à l'hospice, Françoise Jardet semblait abîmée dans une réflexion profonde ! A quoi pensait-elle, la bonne créature ? Elle l'a révélé à son confesseur, sur le point de comparaître devant Dieu. Elle se disait : « Sœur Antoinette va mourir ! elle si bonne, si charitable, si tendre envers les pauvres, et elle n'a guère plus de trente ans ! Quelle perte pour l'hospice, pour les malheureux et les infirmes ! Pendant combien

---

1. Cérémonial romain.

d'années encore ne peut-elle pas les servir ! Moi, je suis âgée, je ne suis bonne à rien ni utile à personne. Oh ! Seigneur ! acceptez mon offrande : guérissez sœur Antoinette; faites-moi mourir à sa place ! » Telle fut la prière de Françoise Jardet.

Sœur Antoinette avait reçu tous les secours suprêmes et, joyeuse, attendait la mort. Les pauvres vieilles, rentrées tristement dans leur salle, égrenaient leur chapelet et priaient pour la mourante..... « Hélas ! disaient-elles, demain elle nous aura quittées !... » — Le lendemain, sœur Antoinette allait beaucoup mieux; quelques jours après elle avait repris son emploi.....

Le lendemain aussi, Françoise Jardet se mettait au lit, atteinte d'une violente fluxion de poitrine. Quelques jours après elle était morte.....[1]

Bien convaincue que la santé ne lui avait été rendue que pour la gloire de Dieu et le bien des pauvres, sœur Antoinette se mit à l'œuvre avec une ardeur nouvelle. Entre autres résolutions, elle se décida à en finir complètement avec les répugnances de sa nature. Deux choses surtout

---

2. Registre de communauté.

faisaient bondir son cœur de dégoût : les mouches, et la vermine dont de pauvres vieilles femmes étaient couvertes en arrivant à l'hospice.

On la vit donc souvent, et malgré tous ses efforts pour que personne ne s'en aperçût, ramasser des mouches tombées sur la table, les mettre dans son assiette et les porter à sa bouche. La violence qu'elle s'imposait alors était telle que son visage se couvrait d'une pâleur livide et que tout son corps tremblait : mais sa volonté demeurait inébranlable.

Dans le trait que nous allons citer, plusieurs pourront voir une exagération ; plusieurs même peut-être se scandaliseront ou souriront. Qu'on veuille bien se souvenir que les grandes victoires, les victoires plus grandes que tous les hauts faits des conquérants fameux, sont celles qu'on remporte sur soi-même. Un jour donc, vint à la Charité une pauvre vieille couverte de haillons affreux, les cheveux en désordre, pleine de crasse et de vermine. Sœur Antoinette se mit en devoir de la laver et de la peigner. Un moment, elle crut que son cœur allait défaillir. « O mon Dieu, disait-elle, mon Dieu, venez à mon secours ! » Mais la répugnance était insurmontable ; impossible de continuer cette tâche! Quoi donc? la nature l'emportera-t-elle?... La sœur de charité livre un violent assaut à son cœur; aidée de la grâce de Dieu elle triomphe. La voici qui s'en va chercher un verre rempli d'eau; elle y met une poignée de la crasse et de la vermine de la mendiante; elle fait un grand signe de croix; elle boit tout le contenu. Puis, heureuse, elle achève sa tâche.

Plus tard, mère Antoinette, s'adressant aux jeunes sœurs qui lui faisaient part de leurs répugnances naturelles, disait : « Voyez-vous, mes enfants, une religieuse qui ne s'est pas rendue maîtresse de tout cela, ne sera jamais une vraie sœur de charité. Et il n'y a qu'un moyen : vous avez à panser une plaie répugnante, commencez par la baiser. »

Nous touchons à l'heure où la vocation de la servante de Dieu va se manifester clairement. Mais nous devons faire un retour en arrière et relever une inexactitude grave de notre récit. Nous avons dit que sous l'habile direction de mère Pélagie et de M. l'abbé Mazeau, en peu de temps la maison avait été complètement renouvelée dans son esprit et dans sa discipline. Cela n'est pas absolument vrai ; une section de l'hospice faisait exception, et, qui le croirait, c'était la section des jeunes filles !

Le bon pasteur, a dit Jésus-Christ, doit veiller sans cesse sur son troupeau. Qu'il établisse autour de lui une garde du jour et de la nuit ! Qu'il veille à ce que la haie du parc n'ait aucune ouverture ! Autrement, une brebis malade venue du dehors pourrait se glisser parmi les autres ; et une brebis malade suffit pour gâter tout le troupeau. Hélas ! des brebis malades s'étaient glissées dans le troupeau de Saint-Louis ! On avait veillé, cependant : les soins et les avis n'avaient point fait défaut. Mais, dans un hospice, chacun le sait, les sœurs ne sont pas libres de refuser ceux qu'on leur amène. Malheur donc, quand des sujets indignes viennent à franchir la porte trop hospitalière ! C'est une des pensées qui inspireront bientôt à sœur Antoinette l'idée de l'Asile de Marie. Pour le moment, comment guérir le troupeau de Saint-Louis ?

Tous les efforts étaient demeurés sans résultat. Le zèle de l'abbé Mazeau qui avait triomphé des résistances de pécheurs endurcis, avait échoué

complètement devant quelques enfants de douze
à dix-huit ans. Ceux qui se sont occupés de
ces œuvres savent jusqu'à quel degré d'insubordination peuvent en arriver des têtes de jeunes
filles. La piété n'a plus aucune influence sur elles;
elles se moquent de leurs maitresses; elles rient
des récompenses comme des punitions. Que faire
en pareille circonstance?

Mère Pélagie était donc très perplexe, ne sachant
qui mettre à la tête de l'ouvroir. Elle passait toutes
les sœurs en revue les unes après les autres dans
son esprit, et toujours elle concluait : non, celle-ci
ne convient pas. Enfin, à toute extrémité, elle allait
en écrire aux supérieurs de Nevers, quand, un
jour, sœur Antoinette la pria de lui accorder quelques minutes d'entretien. « Qu'y a-t-il donc, ma
chère enfant ? » demanda la bonne supérieure à
sœur Antoinette qui paraissait toute sérieuse. —
« Ma chère mère, vous allez vous moquer de moi,
mais il me semble que c'est le bon Dieu qui m'a
inspiré de vous parler. Si vous le voulez bien, je
me chargerai de l'ouvroir. » — « Mais, pauvre
enfant, vous n'y pensez pas ! Votre santé, d'abord,
n'est point assez robuste pour une vie complètement appliquée à des travaux minutieux. Et puis,

comment pourriez-vous diriger l'ouvrage ? vous ne savez ni couper ni coudre ! Comment même feriez-vous la classe, car vous n'êtes guère savante ! » — « Tout cela est vrai, ma chère mère ; mais j'aurai avec moi la bonne sœur Henriette qui enseignera à écrire et à lire ; moi-même je profiterai de ses leçons pour perfectionner un peu mon écriture. J'aurai aussi de bonnes sous-maîtresses pour le travail et je serai leur première élève. Donnez-moi seulement le titre de maîtresse.....? »

Mère Pélagie se mit à réfléchir. Au surplus, se disait-elle, peut-être y a-t-il là l'expression de la volonté de Dieu ? Tout est si extraordinaire dans la vie de cette petite sœur Antoinette ! Essayons... Si elle réussit, tant mieux ; si elle ne réussit pas, une bonne humiliation ne lui fera toujours point de mal. Alors, sans aucun scrupule, je pourrai écrire à Nevers. Et, à l'heure même, sœur Antoinette fut nommée maîtresse de l'ouvroir.

Humainement parlant, elle devait éprouver un échec complet. Que vont dire ces mutines et ces révoltées d'une directrice qui sait à peine coudre, qui, dès le premier jour, va être obligée de s'incliner devant les sous-maîtresses ? La grâce de Dieu était avec son humble servante. A peine eut-elle pris possession de son emploi, et se fut-elle installée dans la salle d'ouvroir, que les physionomies changèrent. Un rayon de joie illumina tous les visages. Le lendemain, plus de mines boudeuses, plus d'airs mécontents. « Mes enfants, avait-elle dit, il faut que nous devenions les enfants du bon Dieu. Chassons le démon de la révolte et du péché ; qu'il ne soit plus question du passé, et mettons-nous à l'œuvre ! » Elle-même se mit à l'œuvre pour son propre compte. Guidée par ses deux sous-maîtresses, excellentes jeunes filles qui lui demeurèrent fermement attachées toute leur vie, en peu de temps elle apprit à coudre, puis à couper, à préparer l'ouvrage.

Rien n'est fort comme l'exemple, surtout quand il vient de haut. Les enfants pouvaient-elles ne pas travailler, quand elles voyaient leur maîtresse travailler elle-même avec tant de courage et d'humilité ?

On travaillait donc sans désemparer pendant de longues heures. Ensuite, aux moments de récréation, comme on était fatigué, on s'en donnait à cœur joie ; c'étaient des rondes gigantesques où tout le monde se tenait par la main. Et, plus de conversations à part, plus de haines, de jalousies, de rancunes. Surtout, quelles promenades le dimanche ! Bref, la réforme était accomplie, tout était renouvelé. Mère Pélagie ne pouvait en croire ses yeux ; les sœurs étaient dans l'admiration ; et l'abbé Mazeau disait à la mère d'une enfant qui nous l'a répétée cette parole significative : « Si vous saviez ce que c'est que sœur Antoinette ! »

Qu'était-ce donc que sœur Antoinette ? quels moyens employait-elle pour réussir au-delà de toute espérance dans une des œuvres les plus ardues et les plus difficiles ? Oh ! ces moyens ne sont pas bien compliqués; ils réussiront à quiconque voudra les employer sérieusement : elle priait, elle se dévouait, elle s'efforçait d'inspirer une piété solide, elle était humble.

Elle priait. — Plus tard, nous parlerons de ses oraisons et de ses prières. Disons seulement ce qu'elle a elle-même avoué bien des fois. Sans cesse elle portait dans son cœur ses chères orphelines devant Dieu, devant le tabernacle, devant la Vierge sainte notre Mère. Quand l'une d'entre elles lui donnait quelque inquiétude, elle redoublait de ferveur dans ses prières; et sa confiance ne tardait pas à être exaucée. « Priez pour nous! » disait-elle à ses sœurs, à ses pieuses amies des communautés religieuses ou du monde. « Priez beaucoup pour nous ! » allait-elle redire de temps en temps aux bonnes Carmélites qu'elle aimait et vénérait tant. Tous les saints ont été des hommes de prière. Jésus-Christ n'a-t-il pas dit : « Demandez et vous recevrez ! » [1]

Elle se dévouait. — C'était vraiment le dévouement du bon pasteur pour ses brebis. Sans cesse elle était au milieu d'elles, douce, joyeuse, aimante. Comme elle veillait à préserver son cher troupeau de toute contagion ! Il arriva quelquefois que de pauvres enfants poussées par de mauvais instincts non encore corrigés s'enfuirent de la maison. Sœur Antoinette courait à leur recherche, et n'avait pas de repos qu'elle n'eût trouvé et ramené au bercail la brebis fugitive. Et avec cela elle était presque toujours malade. Sa compagne, sœur Henriette, ne valait guère mieux qu'elle ; et elles disaient en riant : « A nous deux, c'est tout au plus si nous en ferions une. »

Elle s'efforçait d'inspirer une piété solide. « La piété est utile à tout [2], » dit l'apôtre. Formées à

---

1. Matth. vii, 7.
2. Saint Paul. I Tim. iv, 8.

l'école de la vraie piété, les orphelines de sœur Antoinette devinrent promptement laborieuses, obéissantes, respectueuses, dévouées. Rien ne lui déplaisait plus que ces semblants de piété qui ne correspondent à aucune forte conviction dans l'esprit, à aucun sentiment dans le cœur. « Mes enfants, disait-elle, allez au bon Dieu tout droit; et puis, soyez telles que le bon Dieu vous veut. Souvenez-vous bien que si vous vous confessez, si vous communiez, ce n'est pas seulement pour remplir un devoir ou pour plaire à Dieu; c'est aussi pour devenir meilleures. Entendez-vous ? meilleures partout, toujours, en toutes choses. »

Enfin et surtout elle était humble. L'humilité, nous le verrons, a été la vertu dominante de toute sa vie. Tandis que chacun la vénérait et l'admirait, elle se croyait très sincèrement la plus pauvre en vertu de la communauté. Habituée qu'elle était à ne considérer que la gloire de Dieu et le salut des âmes, ses succès, bien loin de l'enorgueillir, la couvraient de confusion; elle en rougissait presque devant ses compagnes et ne pouvait souffrir qu'on en parlât. « Est-il possible, s'écriait-elle, que le bon Dieu daigne se servir d'un instrument si faible et si misérable ! » On remarqua souvent le saint empressement avec lequel toujours elle voulait avoir tort. La supérieure faisait-elle quelques observations, de suite elle s'accusait et excusait les autres. Chose extraordinaire, nous a dit sœur Henriette, quand on me grondait, elle savait si bien s'interposer que c'était toujours elle qui finissait par avoir tort, et moi j'avais raison.

D'ailleurs mère Pélagie qui entrevoyait les desseins de Dieu sur cette âme, et qui savait très bien que l'orgueil est la pierre d'achoppement de beaucoup de chrétiens, même de beaucoup de religieuses, avait résolu de ne la flatter jamais, et de l'humilier autant que possible. Souvent elle se permit envers elle de sévères remontrances, de vifs reproches, l'appelant une orgueilleuse qui s'affublait d'un manteau d'humilité, une servante inutile, à charge à la communauté à cause de ses continuelles maladies. Voici un trait qui nous montrera jusqu'à quel point cette sage et prudente mère était bien inspirée.

Une veille de Saint-Antoine, l'ouvroir était en grands préparatifs. Il s'agissait pour les orphelines de souhaiter la fête à leur bonne maîtresse. Pendant la récréation, la salle avait été soigneusement balayée; bien qu'on fût en plein mois de janvier, on avait pu se procurer quelques fleurs qui resplendissaient dans de jolis petits vases ; une des plus jeunes avait appris un beau compliment : tout était prêt et les cœurs battaient bien fort. Mais, déception cruelle ! sœur Antoinette ne paraît pas ! Deux heures s'écoulent, personne n'a vu sœur Antoinette ! Oh ! disent les enfants, pour sûr elle s'est cachée, cherchons-la..... Tout le monde se met en quête, de la chapelle au dortoir, du jardin au réfectoire..... Pas de sœur Antoinette !

« Mes enfants, dit alors une bonne vieille, vous n'avez pas bien cherché à la chapelle, venez voir. » On ouvrit le confessionnal ; sœur Antoinette y était blottie comme un petit rat. Il fallut bien alors s'exécuter, subir les compliments et accepter les fleurs. Mais..... quel savon de la part de mère Pélagie !..... « Sœur Antoinette, n'avais-je pas raison de dire que vous n'étiez qu'une orgueilleuse ? Plutôt que de vous laisser simplement souhaiter votre fête par ces pauvres enfants qui m'en avaient demandé l'autorisation, vous vous êtes cachée ; on vous a cherchée ; tout l'ouvroir a été sens dessus dessous. Et où vous a-t-on trouvée ? à la chapelle, au confessionnal ! Est-ce ainsi que vous inspirez à vos enfants le respect de l'église et du saint tribunal? » Sœur Antoinette était atterrée. Toute sa vie elle se reprocha cette faute; elle en parlait souvent, et disait à ses sœurs : « Ah! mes enfants, gardons-nous de la fausse humilité, autant que de l'orgueil déclaré. Allons-y toujours bien simplement. »

Dieu lui-même se plut à éprouver encore la fidélité de sa servante. Des peines de conscience d'abord, des scrupules terribles. Puis des indispositions presque journalières, de telles faiblesses qu'à chaque instant on craignait pour ses jours. Les orphelines qui chérissaient leur maîtresse étaient dans de continuelles alarmes. Elles faisaient neuvaine sur neuvaine devant la statue de Notre-Dame-de-Pitié à laquelle sœur Antoinette avait une grande dévotion.[1]

Un jour même, ces pauvres enfants, ne sachant plus à quel saint se vouer, reproduisirent, sans le savoir assurément, l'idée célèbre d'un homme

---

1. Cette statue très ancienne de Notre-Dame-de-Pitié, placée dans un beau sanctuaire à l'entrée de la chapelle de l'hospice, était autrefois dans une chapelle bâtie au milieu du pont de Saint-Laurent. On la transporta processionnellement à Saint-Louis en 1779. Ce sanctuaire de Notre-Dame-de-Pitié est cher à la dévotion des Chalonnais.

illustre [1]. Elles prirent la plus jeune d'entre elles, une petite fille bien innocente, et la mirent en prières. « Seigneur, vous ne nous exaucez pas, disaient-elles, sans doute à cause de nos péchés. Écoutez donc la prière de cette âme innocente ; guérissez notre maîtresse. »

Une autre fois, elle fut guérie si subitement et d'une manière tellement inattendue, que tout le monde cria au miracle. La veille, elle était au plus mal, on parlait de l'administrer : et devinez qui apparut le lendemain matin à cinq heures une des premières à la chapelle ? Sœur Antoinette toute souriante !

Humiliée, accablée d'épreuves, languissante, malade, sœur Antoinette était néanmoins toujours poursuivie par de grandes pensées. Le bien qui se faisait à l'hospice lui paraissait trop restreint et trop imparfait. — Trop restreint. — Combien

---

1. Albuquerque, pendant une furieuse tempête, saisit un petit enfant, et l'élevant au-dessus des flots : « Seigneur, dit-il, soyez désarmé par l'innocence ! »

d'autres orphelines, à Chalon et dans les environs, devenaient chaque jour la proie de la misère et de l'inconduite, parce qu'elles n'avaient point été recueillies et élevées dans de bons principes? — Trop imparfait. — D'après les règlements, les enfants de l'hospice devaient être placées à dix-huit ans : âge bien tendre encore pour entrer dans la vie presque sans appui et avec toutes les illusions. « Oh! se disait sœur Antoinette, si nous pouvions établir une maison où, vivant de notre travail personnel, nous serions libres de tous règlements administratifs! Alors nous garderions nos orphelines aussi longtemps que possible; nous ne nous en séparerions que parfaitement sûres d'elles-mêmes et des personnes chez qui nous les placerions. » Ces pensées étaient passées à l'état d'idée fixe dans l'esprit de cette sainte amie des pauvres jeunes filles ; elle sentait au-dedans d'elle-même comme une impulsion de la grâce ; une voix intérieure lui disait : « Tu réussiras, courage ! »

D'ailleurs, telle avait toujours été l'impression de son cœur, confuse d'abord, mais allant en s'accentuant à mesure que l'heure fixée de Dieu approchait. Sur la fin de sa vie elle le racontait naïvement : « Quand la sainte obéissance m'eut désignée pour Chalon, je ne connaissais pas cette ville ; cependant j'éprouvai en mon âme un doux sentiment de joie. Quelque chose me disait intérieurement : c'est là qu'il faudra que tu te sacrifies, et que tu gagnes beaucoup d'âmes à Dieu. Puis, sans trop me rendre compte de ce qui se passait en moi, je songeais à vous, mes enfants, et je me voyais déjà entourée d'une troupe joyeuse de jeunes filles. »

Sœur Antoinette avait communiqué toutes ses idées à son saint directeur. Hélas ! la mort devait le lui ravir bientôt..... Mais Dieu, dans sa bonté, préparait une autre âme de prêtre pour mettre l'œuvre à exécution.

Toutes les sœurs de la communauté, pour lesquelles la fondatrice en herbe n'avait certes rien de caché, plaisantaient et s'amusaient de ce qu'elles appelaient les rêves de sœur Antoinette. C'était un thème de joyeuses conversations aux récréations du soir. Sans se déconcerter, sœur Antoinette réfutait toutes les objections, et disait : « Vous verrez, vous verrez ! » Mère Pélagie elle-même, tout en réfléchissant sérieusement et en examinant l'affaire, avait l'air de rire. Un soir, la récréation avait été très gaie et très animée aux dépens de sœur Antoinette qui, du reste, l'acceptait de fort bonne humeur. Tout-à-coup, mère Pélagie se lève, prend sur la cheminée une pièce de deux francs et une allumette : « Tenez, dit-elle, mon petit saint Antoine, voilà pour commencer votre fondation. » — « Merci, ma chère mère, répondit joyeusement sœur Antoinette, ça ne sera pas perdu. » La pièce de deux francs servit au premier achat en faveur de l'Asile de Marie ; quant à l'allumette, mère Antoinette, peu de temps avant de mourir, la montrait encore.

## CHAPITRE III.

### L'ASILE DE MARIE DANS LA PETITE MAISON DE LA RUE DES CARMÉLITES
#### (1842-1844.)

L'homme de la Providence. — M. Biot et sa maison. — Premières quêtes. — Commencement de l'Asile de Marie. — Règlement. — Visite de Mgr Dufêtre et de la révérende mère générale. — Mère Antoinette.

Quand Dieu veut susciter une œuvre pour sa gloire et pour le bien des âmes, il aime à se servir des instruments les plus faibles et les plus humbles. Le *divin* apparaîtrait-il dans la fin, si l'*humain* se manifestait dans les moyens ? La vie de mère Antoinette est une confirmation saisissante de ce principe. Etait-elle assez humble et assez faible cette pauvre religieuse, petite, ignorante, presque continuellement malade, habituée dès son enfance à toujours se défier d'elle-même ? Sans doute, dans ses premiers emplois, elle avait réussi au-delà de toute espérance, et l'on aurait pu craindre que le venin de l'orgueil se glissât dans son cœur. Aussi Dieu l'avait-il comme écrasée sous le fardeau des peines, des souffrances physiques et morales ;

surtout, s'était-il plu à lui prodiguer ces tortures de l'âme qui se nomment tentations, découragements, aridités, scrupules, et sous la pression desquelles on en arrive à dire avec l'apôtre saint Paul : malheureux, malheureux que je suis !

Une jeunesse humiliée, un noviciat plein d'épreuves, dix-huit années de vie religieuse, ont servi à la préparation. Maintenant, le Seigneur met une idée au cœur de sa servante, comme un tout petit grain de sénevé dans une bonne terre. L'idée grandira, mais de même que le grain de sénevé, au milieu de bien des intempéries, et au prix de beaucoup de temps.

Sœur Antoinette était donc poursuivie de la pensée d'une maison où les orphelines, les pauvres filles délaissées de leurs parents trouveraient un abri, apprendraient à travailler et à aimer le bon Dieu, demeureraient comme sous un toit maternel, sans aucun souci de règlements administratifs, jusqu'au moment où elles seraient jugées capables de se conduire sûrement à travers le monde et de gagner leur vie. La sainte religieuse avait ouvert son cœur à sa supérieure; et mère Pélagie, dans ces entretiens devant Dieu, se gardait bien de rire comme en récréation. Elle encourageait au contraire, recommandant de s'humilier et de prier, promettant même d'écrire à Nevers dès qu'elle distinguerait la possibilité de l'œuvre. D'autre part, plusieurs jeunes filles de la ville, plusieurs anciennes orphelines de l'hospice qui connaissaient le projet, venaient, comme on dit, attiser encore le feu qui consumait sœur Antoinette. « Chère sœur, réunissez-nous, n'hésitez pas; vous verrez que tout ira pour le mieux. Nous travaillerons, nous serons sages, et Dieu ne pourra pas ne pas nous bénir. » Mais c'est au zèle sacerdotal que Dieu réservait l'initiative de dire : mettons-nous à l'œuvre, commençons !

Quelques mois après la mort de M. l'abbé Mazeau, les fonctions d'aumônier de l'hospice Saint-Louis avaient été confiées à M. l'abbé Monnot, en qui sœur Antoinette trouva bientôt un confident et un partisan de son projet. Que ce vénérable prêtre nous pardonne ce que nous dirons de lui, uniquement pour la vérité de l'histoire et pour l'édification des âmes. Qu'il veuille bien se souvenir de cette parole du livre de Tobie : « Il est bon de cacher le secret du roi, mais il est honorable de révéler et de confesser les œuvres de Dieu. »[1]

Doué d'un caractère énergique, entreprenant et prudent tout à la fois; inébranlable au milieu des contradictions comme le rocher au milieu des tempêtes; plein de foi et de confiance en Dieu, M. l'abbé Monnot était l'homme de la Providence. L'Asile de Marie est son œuvre et sa vie. Maintenant encore, quand il le visite aux heures de récréation, la bruyante jeunesse l'entoure et l'acclame. Et combien de pauvres enfants lui doivent l'honneur de leur existence, le bonheur d'avoir connu Dieu, le travail et la vertu !

Mais il est facile de s'imaginer ce que dut coûter de sollicitudes et de peines une œuvre de cette importance commencée avec deux francs, poursuivie pendant bien longtemps avec les uniques ressources de la charité publique. Depuis quarante ans que M. l'abbé Monnot est père temporel de l'Asile, Dieu sait que de calculs, que d'ingénieuses combinaisons pour arriver à joindre les deux bouts ? Là où un verre d'eau froide ne restera pas

---

1. Tobie, XII, 7.

sans récompense, une magnifique couronne est préparée sans doute au serviteur des pauvres. Même, dès cette terre, qu'il soit bien sûr du respect et des profondes sympathies de tous !

Nous sera-t-il permis de mêler à notre récit un peu de sel gaulois et de citer une petite anecdote plaisante ? Aussi bien, le bon M. Monnot ne nous en voudra point ; il ne craint pas le mot pour rire. C'était en 1854, douze ans après la fondation de l'Asile de Marie. Dans une nombreuse réunion des ecclésiastiques chalonnais, on causait d'une prochaine visite de Monseigneur l'évêque et de plusieurs nominations au canonicat d'honneur : « M. Monnot, disait-on, très certainement, très certainement vous serez du nombre ! » Et ce fut alors que le digne aumônier improvisa, sans s'en douter, un vers magnifique, digne de Corneille :

Les honneurs sans profit ne m'ont jamais tenté !

C'était splendide de raison : malheureusement, impossible de trouver la rime ; et le vers forme à lui seul toutes les œuvres poétiques de M. l'abbé Monnot, qui fut du reste, comme on l'avait prévu, nommé chanoine honoraire.

Quand on entreprend une œuvre chrétienne du genre de celle que poursuivait sœur Antoinette, il y a trois choses dont il faut s'assurer tout d'abord : la grâce de Dieu, le pain de chaque jour, un toit pour s'abriter.

Pour ce qui est de la grâce de Dieu, la fervente religieuse en était parfaitement assurée. Tout lui disait : « L'idée n'est pas de toi, elle est de Dieu. Dieu par conséquent est avec toi. » Néanmoins, bien convaincue que Dieu veut être invoqué même pour les œuvres à sa gloire, elle ne cessait de prier du matin au soir, et surtout la nuit, durant ses longues heures sans sommeil, faisant passer ses prières par le cœur immaculé de la céleste Mère à qui le futur ouvroir devait être consacré. Et à tous ceux qu'elle rencontrait et dont elle connaissait la vertu, elle ne manquait jamais de dire : « Priez, priez pour moi et pour le prompt accomplissement de la volonté de Dieu. »

Elle comptait beaucoup aussi sur les prières de ses saintes sœurs du Carmel qu'elle aimait tendrement, auprès desquelles elle trouva toujours lumière et bons conseils. Nous parlerons plus tard de la pure et touchante amitié qui unit, pendant tant d'années, les âmes de mère du Sacré-Cœur, supérieure des Carmélites, et de mère Antoinette, supérieure de l'Asile de Marie. Pour le moment, disons seulement qu'avant même la fondation de son œuvre, sœur Antoinette reçut au Carmel les plus précieux encouragements, et l'assurance que, tous les jours, on ferait des prières spéciales pour la réussite du projet.

Enfin, la servante de Dieu voulut consulter le saint prêtre dont le nom était déjà sur toutes les lèvres, qui avait reçu du ciel un si merveilleux pouvoir de sonder le cœur des hommes et les intentions de la Providence, le vénérable curé d'Ars. M. Vianney et la bonne sœur n'eurent pas de peine à se comprendre ; n'y avait-il pas entre eux bien des points de rapprochement, même de ressemblance ? « Allez, mon enfant, dit le saint curé, allez sans crainte, votre œuvre réussira ! » Plusieurs fois encore, mère Antoinette retourna à Ars ; M. Vianney la reconnaissait très bien : « Ah ! vous voilà, ma bonne mère, disait-il ; continuez, ne vous découragez pas, tout ira parfaitement. » Puis, ils s'entretenaient quelques instants, avec une admirable simplicité ; et mère Antoinette revenait à Chalon heureuse et fortifiée.

La grâce de Dieu était donc avec elle. C'est

beaucoup, c'est l'assurance du succès, mais à la condition que soi-même on travaillera hardiment :

> Aide-toi, le ciel t'aidera !

Le pain de chaque jour n'inquiétait guère sœur Antoinette. Nous travaillerons, disait-elle, nous quêterons ; grâces à Dieu, il y a encore des âmes charitables ! Le Seigneur qui nourrit les petits oiseaux, ne laissera pas mourir de faim nos petites orphelines après nous avoir inspiré de les réunir sous sa garde.

Mais la grande difficulté était de trouver une maison. Sœur Antoinette en avait parlé à plusieurs dames de charité ses amies et ses confidentes. Celles-ci frappaient à toutes les portes, et toutes les portes se refermaient devant cette proposition étrange : recevoir pour rien une troupe d'orphelines, les abriter, les loger, peut-être même les nourrir au risque de les voir mourir de faim ! « C'est insensé....., disait-on ; il n'est pas permis de braver ainsi la Providence, pas plus que la charité publique ! » La servante de Dieu ne se décourageait pas ; toutes les oppositions humaines lui prouvaient au contraire que l'œuvre était voulue du ciel.

Plusieurs mois s'écoulèrent ainsi en recherches infructueuses, en inutiles sollicitations. Sœur Antoinette était presque seule à espérer encore, quand un jour on apprend que M. Biot, très connu à Chalon pour sa charité, désirait, depuis longtemps, consacrer à une bonne œuvre une petite maison qu'il possédait rue des Carmélites. Comment n'y avait-on pas pensé plus tôt? La rue des Carmélites longe la Charité; la cour de la petite maison était mur mitoyen avec le jardin de l'hospice. C'était vraiment le cas de dire qu'on avait cherché bien loin ce qu'on avait à côté de soi.

Sœur Antoinette alla donc trouver M. Biot. Elle croyait l'affaire assurée. Chose étonnante! celui-ci fit mille objections. Vainement la pauvre sœur lui représentait le sort de tant de malheureuses orphelines abandonnées; elle lui en citait qui, pour n'avoir trouvé ni abri, ni travail, ni conseils, avaient été en quelque sorte contraintes de se livrer à la débauche. « Sans doute, répondait le trop prudent propriétaire, votre projet est excellent en lui-même et je le goûte fort; mais n'est-il pas téméraire au dernier point de monter ainsi un établissement sans aucune espèce de ressources? Comment nourrirez-vous vos élèves, si le travail vient à manquer? Même

le travail de quelques jeunes filles pourra-t-il suffire à l'entretien d'une maison considérable ?... »
Il fallut bien des fois revenir à la charge, et huit mois entiers se passèrent en alternatives continuelles de crainte et d'espérance.

Enfin, sœur Antoinette qui, au fond du cœur, se sentait vivement encouragée de Dieu, résolut de tenter un coup définitif. Elle vint trouver M. Biot et eut avec lui une longue conversation. « Bien que notre œuvre ne soit pas absolument conforme à votre manière de voir, lui disait-elle, vous n'êtes pas sûr cependant qu'elle ne soit point de Dieu. Voudriez-vous donc, pour des considérations tout humaines, vous opposer à la volonté de Dieu ? Assurément, vous en êtes bien loin ! Passons ensemble un compromis. Vous nous céderez votre maison, par un bail gratuit, pour l'espace de neuf ans. Au bout de ce temps, et même avant, si l'œuvre ne réussit pas, vous rentrerez en pleine jouissance de l'immeuble. Mais au cas où l'œuvre réussirait, vous feriez un acte de donation définitive [1]. » Sœur Antoinette fut tellement persuasive que M. Biot ne trouva plus rien à

---

1. Registre de communauté.

objecter et, séance tenante, le bail gratuit de neuf ans fut rédigé et signé.

Comment peindre la joie de la bonne sœur! Aussi grande fut-elle sans doute que celle de saint François de Sales au jour où il signa l'acte d'achat de la petite maison de la galerie à Annecy, pour y établir ses chères filles de la Visitation. « Jamais je ne fus plus content que maintenant, disait-il; j'ai trouvé une ruche pour mes pauvres abeilles, ou plutôt une cage pour mes petites colombes. » [1]

La maison trouvée, il fallait un mobilier. Sœur Antoinette se mit en quête le lendemain. Ici, on lui donnait quelques ustensiles de cuisine; là, un peu de linge, ou une paillasse, une chaise, un petit bois de lit. Mais partout on lui prodiguait force conseils et avertissements. « Oh! ma pauvre sœur, ce que vous tentez est impossible, vous ne réussirez certainement pas. Vous ignorez ce que c'est que de monter une maison avec rien, sans autre ressource que la générosité publique qui se lasse à la fin. Et puis, croyez bien que ces filles ne vous donneront que de l'ennui. » Ainsi parlait la prudence humaine; et, selon l'habitude, ceux qui

---

2. *Hist. de sainte Chantal*, par M. Bougaud, t. i, p. 413.

en disaient le plus long étaient précisément ceux qui donnaient le moins. A peine sœur Antoinette trouva-t-elle deux ou trois maisons où on l'encouragea franchement. Mais peu lui importait d'ailleurs! et à toutes les observations elle se contentait de répondre : « Dieu y pourvoira! »

Enfin, on parvint, au prix de bien des efforts, à composer un petit mobilier; véritable mobilier de bric-à-brac : pas deux chaises qui se ressemblassent, pas deux assiettes appareillées. Néanmoins sœur Antoinette était ravie, et tout lui paraissait admirable. M. l'abbé Monnot surveillait l'aménagement de la maison. Elle n'était pas grande, et déjà on parlait d'une vingtaine d'orphelines. La nécessité rend industrieux, et M. Monnot a le génie inventif. On le vit, cent fois par jour, le mètre en main, montant et descendant, examinant tout de la cave au grenier. On abattit quelques cloisons; on en recula d'autres. Bref, on trouva moyen d'avoir réfectoire et cuisine, salle de travail et dortoir.

Tout était prêt. Chaque meuble était à sa place. Les crucifix et les saintes images avaient été suspendus aux murailles; la statue de Marie, patronne de l'orphelinat futur, se dressait à la place d'honneur, dans la salle de travail; et la fête de l'Annonciation de cette auguste Vierge, jour fixé pour la prise de possession de la maison et le commencement de l'œuvre, approchait trop lentement au gré de tous les désirs.

Sur ces entrefaites, l'évêque du diocèse, Mgr d'Héricourt[1], de sainte et glorieuse mémoire, vint à Chalon. On lui parla longuement du projet, des oppositions qu'il avait rencontrées, des espérances que l'on avait néanmoins conservées contre toute espérance humaine. « Ne craignez rien, répondit le pieux prélat, si Dieu veut réellement cette œuvre, il saura bien la faire réussir. Pour ma part, j'ai beaucoup d'espoir. »

Et pour témoigner de ses sentiments envers l'orphelinat naissant, pour prouver à la population

---

1. Bénigne-Urbain-Jean-Marie du Trousset d'Héricourt, né à Questembert, en 1797, fut évêque d'Autun du 15 avril 1829 au 8 juillet 1851. Voici le jugement porté sur cet éminent prélat par le souverain Pontife Grégoire XVI : « Votre évêque d'Autun est ma joie et ma gloire. »

chalonnaise qu'il le prenait sous sa protection spéciale, Mgr d'Héricourt voulut lui-même bénir la maison. Ce fut une touchante cérémonie dont les contemporaines ont gardé le souvenir. Un petit autel avait été dressé au pied de la statue de Marie Immaculée. Assisté des dignitaires du clergé, entouré des sœurs de l'hospice et des orphelines désignées pour la fondation, l'évêque prononça les formules liturgiques; puis il parcourut la maison tout entière, répandant l'eau sainte selon le rit consacré. Et, revenu devant l'autel, après la dernière oraison, se retournant vers l'assistance : « J'ai donné à cette maison, dit-il, une bénédiction de paix et de prospérité! »

Paix et prospérité! tel fut donc pour l'Asile de Marie le double vœu du saint évêque qui en bénit les commencements. Paix et prospérité! écoutez bien, jeunes filles conduites par la Providence dans cet asile privilégié : paix et prospérité! La prospérité dépend en grande partie de Dieu; mais la paix dépend surtout de vous. Soyez pieuses, soyez unies, soyez laborieuses, et sur votre maison descendra toujours la bénédiction de paix et de prospérité!

La sympathie que l'évêque diocésain avait manifestée en faveur de l'œuvre de sœur Antoinette eut la plus heureuse influence sur l'opinion publique. Peu à peu les objections tombaient; les offrandes arrivaient de toutes parts. M. Monnot et sœur Antoinette ne recevaient plus que des félicitations et des encouragements.

Vint enfin le jour si impatiemment attendu, le 4 avril 1842, fête de l'Annonciation de Marie. C'était sous les auspices de cette Reine du ciel et de la terre qu'on avait voulu placer les débuts de la fondation. En elle, après Dieu, on mettait toutes les espérances, et la maison devait porter le beau nom d'Asile de Marie. Dix-huit orphelines furent admises dès le premier jour. M. le curé de Saint-Vincent, leur pasteur, vint les visiter et les encourager de tout son cœur ainsi que leur maîtresse, l'heureuse sœur Antoinette. On s'assit à un modeste festin offert par de généreuses bienfaitrices; on chanta des cantiques; on parla beaucoup de l'avenir. Le lendemain on se mit au travail et à l'observation du règlement élaboré par sœur Antoinette.

Nous entrerons plus tard dans le détail de ce règlement qui ne fut définitivement fixé qu'après bien des essais. Pour le moment, trois mots nous feront connaître la vie que, dès le début, on mena à l'Asile de Marie : travail, prière, charité.

A peine l'œuvre était-elle installée, que l'ouvrage arriva. Insigne faveur dont on ne savait comment assez remercier la Providence. Car, dans ces humbles maisons, pas de travail, pas de pain ! Et rien que pour le pain de chaque jour, étant donnée la modicité des salaires, que d'efforts ne faut-il pas de la part de pauvres lingères ! On travaillait donc avec ardeur; avec trop d'ardeur, même, sœur Antoinette le reconnut plus tard. Dès cinq heures du matin on était debout, et, jusqu'à neuf heures du soir, le travail n'était interrompu que par l'assistance au saint sacrifice de la messe, les repas, et quelques instants de récréation. Ce n'était pas continuellement le travail manuel. Il y avait aussi les heures de la lecture, de l'écriture et du calcul. Car le but de sœur Antoinette n'était pas seulement de sauvegarder l'innocence et la jeunesse de ses orphelines, de les former à la piété, mais encore de les mettre à même d'occuper honorablement plus tard une place dans le monde.

La prière, comme le travail, était de toute la journée. Plusieurs orphelines de la fondation, maintenant religieuses, maîtresses d'ateliers ou mères de famille, nous ont dit comme on avait à cœur d'être reconnaissantes envers Dieu, comme on appréciait la grâce d'avoir été reçues dans la maison. Aussi, la piété était-elle sincère et fervente. Tout en travaillant, les orphelines priaient pour leurs bienfaiteurs, récitaient le chapelet, écoutaient de bonnes lectures. Puis, le grand bonheur était de chanter des cantiques. Presque toutes avaient une très belle voix, et en faisaient volontiers hommage à Dieu et à la sainte Vierge. Habituellement on chantait à l'unisson ; mais aux grandes fêtes on hasardait des cantiques à deux et à trois parties.

Ainsi remplies par le travail et par la prière, les journées s'écoulaient rapides et heureuses. On voyait avec enthousiasme revenir le dimanche qui amenait de belles promenades à travers les prairies, sur les bords de la Saône. Alors, les orphelines étaient comme autant de papillons courant de fleurs en fleurs. Puis, on formait de grandes rondes au chant de quelque refrain joyeux. Chacun se donnait la main sans hésiter, car la plus entière charité unissait tous les cœurs. Tout le monde s'aimait, s'encourageait réciproquement, se voulait tout le bien possible. Heureux temps dont on nous a, de mille manières, vanté les délices! Ainsi en est-il presque toujours au début des œuvres catholiques. Chacun sent qu'il a vraiment sa part de responsabilité pour le succès de la fondation. Ce n'est que plus tard que les vraies difficultés, les difficultés de caractères, se manifestent et s'imposent. La grande affaire n'est pas de commencer, mais de continuer. La suite du récit nous prouvera que, très capable de commencer, sœur Antoinette ne l'était pas moins de continuer. Tel est, à notre avis, l'un des traits les plus caractéristiques de sa physionomie morale.

Elle avait à peu près complètement quitté sa communauté, et passait tout son temps au milieu de ses orphelines. Sans doute ce fut un immense sacrifice pour cette âme si fortement attachée à sa règle religieuse. Il lui fallait faire seule tous les exercices : plus de lectures, plus de méditations en commun; plus de ces douces récréations du soir où l'on s'entretient joyeusement des évènements de la journée. Le matin seulement, accompagnée de ses orphelines, elle allait entendre la messe à la chapelle de la Charité.

Quand la pauvre sœur se vit ainsi livrée à elle-même, des doutes horribles s'emparèrent de son âme ; et elle aurait certainement succombé au découragement, si Dieu n'eût abrégé le temps de cette épreuve, plus dure que toutes celles qu'elle avait déjà endurées. Il lui semblait que Dieu s'était complètement retiré d'elle ; que d'ailleurs, en fondant l'asile, elle n'avait pas obéi à la volonté divine, mais à la sienne propre, à son orgueil, à son ambition. En proie à ce cruel martyre, elle ne cessait de pleurer le jour et la nuit ; et rien de ce qu'on lui disait n'était capable de la consoler ni de dissiper ses inquiétudes. Un jour entre autres, M. Monnot ne la voyant pas au milieu des orphelines désolées, la chercha partout, en proie à une peine qu'il est facile de concevoir. Il la trouva dans la cave, assise sur un fagot de bois et pleurant amèrement. « Enfin, ma sœur, qu'avez-vous ? » lui demanda le bon prêtre. — « Ah ! mon père, je vous dis que je suis perdue. Dieu me repousse, je ne puis plus supporter la vue de mes pauvres orphelines. Pourquoi, pourquoi les ai-je amenées ici ? Pourquoi ai-je quitté ma communauté ? »

Le Dieu qui chérit l'humilité voulait extirper

de ce cœur jusqu'au plus petit sentiment d'amour-propre, de vaine complaisance. Peu à peu, le calme se fit; les troubles, les inquiétudes cessèrent; sœur Antoinette reprit sa sérénité. Si la lutte avait été terrible, la victoire fut complète. Jusqu'à la fin de sa vie, la sainte religieuse fut un modèle d'humilité, de défiance de soi-même, et de confiance en Dieu.

On était donc heureux à la petite maison de la rue des Carmélites; la joie d'une bonne conscience et du sentiment du devoir accompli s'épanouissait sur tous les visages. Ardentes au travail, ferventes dans la prière, les orphelines étaient aussi bonnes ménagères. L'ordre, la propreté, régnaient partout. C'était plaisir à voir chaque matin avec quelle promptitude et quel soin le ménage était fait. Chacune, après avoir fait son lit, remplissait scrupuleusement son emploi de balayeuse, de cuisinière, d'éplucheuse de légumes. La maison ressemblait alors à une ruche où les abeilles vont et viennent, actives et empressées. Puis, durant le jour, la monotonie des longues heures de travail était souvent interrompue par d'agréables visites. C'était M. l'aumônier qui venait faire ses instructions de catéchisme; c'était M. le curé de la paroisse qui avait toujours des encouragements à donner; c'était la chère mère de la Charité; c'était même M. Biot qui ne savait comment témoigner sa satisfaction en voyant le bon ordre et la propreté de la maison. Mais deux visites surtout méritent d'être racontées, à raison de la qualité des personnages et des conséquences qu'elles eurent pour l'Asile de Marie.

Mgr Dufêtre était alors évêque de Nevers et supérieur général de la communauté des sœurs de la Charité [1]. Il avait entrepris la visite de toutes les maisons de l'ordre, et on apprit un jour sa prochaine arrivée à l'hospice Saint-Louis. Aussitôt une idée germa dans la tête des orphelines de l'asile, idée délicate et tendre, qui prouve jusqu'à

1. Mgr Dufêtre, né à Lyon le 17 avril 1796, ardent missionnaire de la maison des Chartreux, vicaire général de Tours sous Mgr du Chilleau, prédicateur de retraites pastorales, fut sacré évêque de Nevers le 12 mars 1843. Pasteur zélé et infatigable, il ne négligea aucune partie de son troupeau, mais donna cependant des soins tout particuliers à la congrégation des sœurs de la Charité et Instruction chrétienne. Il entreprit la visite de toutes les maisons

quel point elles chérissaient leur maîtresse. Il s'agissait d'obtenir pour elle le titre de supérieure, chose difficile assurément dans les circonstances présentes ! Mais les enfants avaient leur plan concerté en grand secret, sans que personne absolument fût dans la confidence ; il devait réussir, et tout en effet alla au gré de leurs désirs.

On sollicita de Mgr Dufêtre une visite au nouvel orphelinat, ce qui fut très aisément accordé. A

de l'institut ; il mit en ordre les règles et les constitutions ; il fit donner des retraites générales ; il travailla de toutes ses forces au recrutement et à la bonne tenue du noviciat.

A propos du magnifique établissement de Saint-Gildard, laissons parler l'historien de Mgr Dufêtre :

« Dieu bénissait visiblement le zèle de Mgr Dufêtre et la
» Providence multipliait les vocations en proportion de l'épa-
» nouissement des œuvres. Le personnel du noviciat était devenu
» si nombreux que l'ancien monastère qu'il occupait ne lui
» suffisait plus. Ce fut alors que le prélat songea à de vastes
» constructions. Il lui semblait entendre ces paroles d'Isaïe : —
» Pourquoi laissez-vous cette famille, dont vous êtes le guide,
» resserrée dans un étroit espace ? Choisissez donc un lieu plus
» vaste pour y dresser vos tentes ; étendez vos pavillons,
» allongez vos cordages et affermissez les pieux qui doivent les
» retenir, car vos nombreux enfants vont se répandre à droite
» et à gauche. — » (IV, 2 et 3.)

» Tout rempli de ces pensées, il avait aperçu au milieu des
» vignes qui couvraient le gracieux plateau de Saint-Gildard les
» restes d'une ancienne église prieuriale dont les religieux
» étaient jadis unis au chapitre de la cathédrale. La beauté du

84  DÉBUTS DE L'ASILE DE MARIE

l'heure dite, tout le monde était réuni dans la salle de travail, palpitant d'espérance. Le prélat entre. On s'incline sous sa bénédiction. Puis, la plus jeune s'avance, récite le compliment que sœur Antoinette lui avait appris; et, pâle d'émotion, en ajoute immédiatement un autre composé par les orphelines elles-mêmes. C'était l'éloge de sœur Antoinette, combien elle était dévouée et bonne, combien on la chérissait. Et les derniers mots

» site, l'étendue du terrain environnant, le parti qu'on pouvait
» tirer des ruines de l'église assez bien conservées, la pureté de
» l'air, en un mot tous les avantages de l'emplacement, joints
» aux souvenirs historiques qui s'y rattachaient, le déterminèrent
» à choisir ce lieu de préférence à tout autre.
 » Au milieu de tant d'autres qui sont la gloire de l'épiscopat
» de Mgr Dufêtre, ce superbe établissement suffirait seul pour
» rendre sa mémoire impérissable. Les voyageurs arrivant de
» Paris à Nevers par la ligne du chemin de fer du Bourbonnais
» ne manquent pas d'admirer les vastes bâtiments qui couronnent,
» à gauche, la colline dominant la gare : c'est le couvent de Saint-
» Gildard. » (*Vie de Mgr Dufêtre,* par Mgr Crosnier, p. 226.)

 Mgr Dufêtre mourut le 6 novembre 1860. Le 14, son cœur fut déposé dans l'église de la maison mère des sœurs de la Charité et Instruction chrétienne de Nevers, dans cet établissement de Saint-Gildard dont l'illustre prélat avait été le créateur. Sur la plaque de pierre richement sculptée qui le couvre, on lit cette inscription :

*Ici est le cœur de l'Illustrissime et Révérendissime père en Jésus-Christ, Mgr Dominique-Augustin Dufêtre, évêque de Nevers, qui a été comme le second fondateur de cette congrégation.*

furent ceux-ci : « Permettez-nous donc, Monseigneur, de nommer désormais *notre Mère*, celle que jusqu'à présent nous n'avons appelée que *notre Sœur*? » La foudre serait tombée aux pieds de sœur Antoinette qu'elle n'eût pas été plus atterrée. « Très bien! mes enfants, répondit le saint évêque; ce que vous demandez est juste. Sœur Antoinette sera désormais mère Antoinette. Je la nomme supérieure de l'Asile de Marie. Aimez-la bien toujours; suivez ses conseils et ses exemples. » De bruyantes acclamations de joie répondirent à la voix du pasteur, et la nouvelle *chère mère* fut fêtée avec enthousiasme.

Mais bientôt ce titre de supérieure fut pour elle la cause d'inquiétudes cruelles. En fondant l'orphelinat, n'était-elle pas allée au devant de cette dignité? Oui vraiment, l'orgueil l'avait conduite, et elle se trouvait dans l'état de conscience le plus inquiétant!

Livrée à ces angoisses que seules les âmes saintes éprouvent, mère Antoinette partit pour la retraite générale de Nevers, à laquelle elle avait été conviée cette année 1843. Mgr Dufêtre donnait quelques instructions; et voici qu'un jour il s'élève avec force contre l'ambition de certaines sœurs qui cherchaient à se faire nommer supérieures. Jugez de l'effroi de mère Antoinette ! elle crut vraiment apercevoir l'enfer ouvert sous ses pas ! Aussitôt après le sermon, elle court à l'appartement de l'évêque, se jette à ses genoux tout en larmes : « Ah ! Monseigneur, s'écrie-t-elle, c'est contre moi que vous avez prêché ! c'est moi qui ai ambitionné le titre de supérieure ! Je vous en conjure, punissez-moi, humiliez-moi devant toute la communauté en me nommant à la dernière place ! » Le bon évêque se mit à rire ; il releva la pauvre mère et la rassura de son mieux. Mais le souvenir de cette scène ne s'effaça jamais de sa mémoire, et chaque fois qu'il revit mère Antoinette, il ne manqua pas de lui dire : « Eh bien, ma chère mère, vous croyez-vous réellement légitime supérieure ? »

Nous avons parlé d'une autre visite mémorable dans l'histoire de l'Asile de Marie. Ce fut celle de la supérieure générale de la communauté de Nevers, qui était alors mère Éléonore Salgues.

La vénérable mère, après avoir parcouru toutes les salles de l'hospice Saint-Louis, examiné scrupuleusement tous les emplois, demanda pourquoi on ne lui avait point montré cet Asile de Marie déjà célèbre dans toute la communauté. « Mais, ma chère mère, répondit la supérieure de l'hospice, ne savez-vous pas que c'est une maison distincte ? »

— « Comment, une maison distincte ! Depuis deux ans, mère Antoinette vit ainsi seule, séparée de la communauté ? Cela est contraire à tous les règlements de l'ordre, et depuis la fondation, jamais pareille chose ne s'est vue. »

Evidemment, il y avait eu malentendu ; ou mieux, il y avait eu permission de Dieu. Sa volonté s'était ainsi manifestée en faveur de mère Antoinette et de son œuvre.

La supérieure générale vint donc à la petite maison de la rue des Carmélites. Elle fut ravie du bon ordre, de l'union, de la piété qui y régnaient. Mais évidemment l'état de choses actuel ne pouvait durer. Comment faire ? La maison est tellement petite qu'on ne peut songer à adjoindre des sœurs à mère Antoinette, et à constituer là une communauté en règle. Même, cette maison située dans une rue étroite, ayant toutes ses fenêtres tournées au nord, est-elle salubre et suffisamment aérée pour les orphelines dont le nombre s'élève à vingt-cinq ? Afin de les loger toutes, on a dû transformer un grenier en dortoir ; la salle de travail est devenue d'une étroitesse extrême. Et, tous les jours, de pauvres filles se présentent, demandant avec instance à être admises !

En présence de tant de considérations, le parti de la vénérable mère Salgues fut bientôt pris. « Eh bien ! dit-elle, on cherchera une autre maison vaste et spacieuse. Je vous enverrai de bonnes sœurs. Vous recevrez les orphelines qui se présenteront. Dieu nous sera en aide! » Mère Antoinette fut transportée de joie. M. Monnot, en homme prudent, examina la situation. Acheter une maison..... y faire les réparations indispensables..... la meubler..... Pour tout cela il me faut au moins quatre-vingt mille francs. Or, nous n'avons rien du tout. Essayons quand-même!..... Au surplus, c'est l'œuvre de Dieu !

## CHAPITRE IV.

### FONDATION DÉFINITIVE DE L'ASILE DE MARIE ET SON HISTOIRE JUSQU'A LA MORT DE MÈRE ANTOINETTE

(1844-1882.)

La maison de la rue de l'Obélisque. — Idée générale de l'œuvre. — Ses développements. — 1848. — Nouvelles constructions. — Maladie de mère Antoinette et pèlerinage à Saint-Marcel. — La fièvre typhoïde. — 1870-1871. — Retraite et maladie à Nevers. — La chapelle de l'Asile de Marie.

Une grande maison avec cour et jardin était à vendre, rue de l'Obélisque. M. Monnot avait pour elle des regards de convoitise, presque de tendresse. Il serait si facile d'y installer merveilleusement l'Asile de Marie ! Quartier salubre et aéré ; au cœur même de la ville, excellente situation pour un atelier de couture qui, à raison de l'ouvrage qu'il faut sans cesse recevoir ou rendre, doit être à la portée de tous. Et puis la destination de la maison ne changerait guère. Construite pour un couvent de religieuses de Saint-Dominique, rachetée après la Révolution par quelques survivantes de l'ancienne communauté, elle passerait aux sœurs de charité et ne serait point employée à des usages profanes.

Enfin, les bonnes Dominicaines qui la quittaient pour aller s'établir au quartier de la Citadelle, plus tranquille et plus recueilli, la céderaient probablement à des conditions acceptables et prendraient patience pour le paiement. Tant d'excellentes raisons, appuyées des conseils de Mgr d'Héricourt, des encouragements des dames charitables et des prières de mère Antoinette, décidèrent M. Monnot. Acte fut passé pour la somme énorme en elle-même, mais relativement modérée, de soixante-dix mille francs. Le coup était hardi; tellement que Mgr d'Héricourt, passant à Chalon, et se rendant compte de la situation, en fut quelque peu effrayé. Mais il n'y avait plus à hésiter. « Au surplus, dit l'évêque, faisant allusion aux prisons neuves qu'on construisait alors au sommet de la ville, M. Monnot et sœur Antoinette auront toujours une cellule là-haut! »

> Dieu prodigue ses biens
> A ceux qui font vœu d'être siens.

On se mit à battre monnaie, à faire argent de tout. D'abord, la petite maison de la rue des Carmélites dont M. Biot, décédé quelques mois auparavant, avait par testament donné la propriété, fut vendue le plus cher possible. On ouvrit aussi une souscription, et les listes présentées à tous indistinctement par les dames influentes de la ville, se couvrirent de signatures. A la suite de ces dames, mère Antoinette, remplissant la fonction de Ruth et glanant de-ci et de-là, récolta encore quelques bonnes gerbes. Enfin des dons inespérés arrivèrent de divers côtés. Bref, quand on prit possession de la nouvelle maison, le 1$^{er}$ août 1844, presque la moitié de la somme d'achat avait été payée.

Ce fut assurément un beau jour que ce 1$^{er}$ août 1844. Mère Antoinette ne se sentait pas de joie et ne savait comment témoigner à Dieu sa reconnaissance. Les orphelines, respirant à l'aise dans un vaste dortoir, une belle salle de travail; allant et venant à travers les grands escaliers et les corridors; prenant leurs ébats dans une cour spacieuse, et réveillant tous les échos d'alentour de leurs refrains joyeux, ressemblaient à une volée d'oiseaux qu'on eût fait sortir d'une cage sombre pour les lancer à travers le soleil et la liberté.

Et cependant on n'était pas riche! Même, si l'on n'eût pas compté absolument sur la Providence, bien des inquiétudes seraient venues obscurcir l'horison. Les bonnes jeunes filles, dont chacune avait à cœur le succès de la fondation comme si ce fût son œuvre propre, travaillaient du matin au soir et c'est à peine si leur labeur assurait le pain de chaque jour ! Puis il fallait les vêtir ; il fallait se procurer tant de choses indispensables ! Longtemps il n'y eut que quatre chaises dans toute la maison, pour les quatre sœurs composant la première communauté. On les portait de la salle de travail au réfectoire, du réfectoire au parloir. Pauvreté n'est pas vice ; mais pauvreté ne laisse pas que d'inspirer de grandes inquiétudes, surtout avec de telles responsabilités.

Toutefois, hâtons-nous de dire que les vénérables fondateurs, Mgr d'Héricourt, la supérieure générale de Nevers, M. Monnot et mère Antoinette n'agissaient point sous l'action d'un enthousiasme téméraire. Ils avaient leur plan sérieusement concerté, et l'évènement a prouvé que Dieu était avec eux.

Voici ce plan dans les principaux détails.

L'Asile de Marie, c'est-à-dire l'ouvroir des orphelines, serait le fondement, le centre de l'œuvre. Tous les efforts convergeraient là, au surnaturel comme au temporel.

D'abord, pour s'assurer les bénédictions de Dieu, on fonderait une classe où seraient admises gratuitement de pauvres petites filles qui couraient les rues et grandissaient dans le vice et l'ignorance. Jésus-Christ n'a-t-il pas dit : « Tout ce que vous ferez au plus petit d'entre vos frères, c'est à moi-même que vous le ferez [1] ? » D'ailleurs, parmi ces enfants, on pourrait ensuite recruter de bons sujets pour l'ouvroir.

Puis, afin de se procurer des ressources temporelles, on établirait un externat ouvrier et payant; même une classe bourgeoise, si l'on voyait que cela pût réussir. Enfin le tout serait sous la direction des sœurs de la Charité et Instruction chrétienne de Nevers qui, dans ces divers emplois, s'efforceraient d'édifier, en même temps que d'élever et d'instruire.

Telle était l'idée générale de l'œuvre. Qu'on nous permette d'en suivre les développements, année par année, depuis le 1er août 1844, date de la fondation définitive de l'Asile de Marie, jusqu'à la mort de mère Antoinette. Il est clair que, dans

---

1. Saint Matthieu xxv, 40.

ces maisons, la vie doit être monotone et que les journées se ressemblent presque toutes. Nous nous bornerons donc ici aux évènements principaux, remettant à plus tard de parler de l'administration de mère Antoinette, du règlement et de l'esprit de la communauté. Si ce récit chronologique semble parfois peu animé, il aura du moins le mérite d'initier le lecteur au modeste journal de l'Asile de Marie que mère Antoinette faisait exactement tenir et que nous suivons pas à pas.

1844. — Deux mois après la fondation, les trois sœurs promises par la supérieure générale arrivaient de Nevers. Mère Antoinette les mit de suite à l'observation du règlement, s'appliquant elle-même à leur donner l'exemple de la plus exacte ponctualité. Jusqu'à la fin, elle sera vraiment la mère des sœurs placées sous sa conduite, bonne, indulgente, pleine de délicates attentions; mais voulant leur sanctification, et, pour cela, ferme, presque rigide sur le point de la règle religieuse.

Au commencement de novembre, on ouvrit la classe gratuite et l'externat ouvrier, muni des approbations et des plus chaleureux encouragements de la municipalité chalonnaise. La confiance des parents se manifesta de suite. Bientôt il y avait soixante-dix élèves à la classe gratuite et vingt à l'externat. L'ouvroir, de son côté, comptait trente orphelines avec deux sous-maîtresses.

1845. — Tout va à souhait. Le travail abonde chez les orphelines. Les classes sont très bien tenues et les parents viennent sans cesse témoigner de leur satisfaction. Maîtresses, orphelines, élèves, tout le monde est heureux et plein de ferveur. Véritable printemps dont les anciennes ne peuvent se lasser de célébrer les charmes! Jardin bien-aimé de Marie où l'on s'efforçait de cultiver, comme autant de belles fleurs, les vertus chères à cette Vierge sans tache, l'humilité, la pureté, l'obéissance et la charité!

Une salle de la maison avait été transformée en chapelle : Jésus y résidait au tabernacle, comme un père au milieu de ses enfants; et, plusieurs fois la semaine, on avait le saint sacrifice de la messe. Presque toutes les orphelines s'approchaient des sacrements plus souvent même que le règlement ne l'ordonnait. Les fêtes de la sainte Vierge étaient célébrées avec un entrain admirable. Mai fut un mois de triomphe, de cantiques et de fleurs.

Cependant, mère Antoinette continuait ses

quêtes, et, petit à petit, comblait le vide immense. « L'avenir est à Dieu, répétait-elle souvent. Vivons au jour le jour; mais chaque jour faisons notre possible. » Oui, faire tout son possible, puis, se confier en Dieu; voilà la vraie sagesse !

A l'Asile de Marie, sous ce rapport, personne assurément n'avait rien à se reprocher. Restait cependant la question d'un pensionnat bourgeois souvent mise en avant et toujours repoussée comme téméraire, et..... prétentieuse peut-être ? Non, il n'y avait dans ce projet ni témérité, ni prétention. Bien des familles honorables demandaient cet établissement et promettaient d'y envoyer leurs enfants. De plus, n'était-ce pas une pensée éminemment chrétienne que d'amener des jeunes filles favorisées de tous les bienfaits de la famille à s'intéresser à de pauvres orphelines dont le continuel labeur ne suffisait pas à assurer la subsistance ? Chacun savait bien que si les bonnes sœurs établissaient des catégories, c'était en définitive pour le bien des pauvres; et que, dans leur maison, les pauvres seraient toujours les préférées.

Mgr d'Héricourt mit fin à toutes les hésitations et trancha toutes les difficultés. Il fut décidé, qu'à la rentrée suivante, le pensionnat serait ouvert. Dès le premier jour, une vingtaine d'élèves se présentèrent. Evidemment Dieu bénissait l'œuvre.

1846. — Déjà le grain de sénevé a produit un grand arbre, et près de deux cents enfants, de toutes les classes de la société, s'abritent sous son ombrage. Les sœurs ont accueilli une nouvelle compagne spécialement destinée au pensionnat. La petite communauté est unie par les liens de la plus cordiale charité. N'étaient les inquiétudes d'argent, le bonheur serait sans mélange. Encore ces inquiétudes, mère Antoinette était presque seule à en porter le poids, avec l'excellent M. Monnot dont la sollicitude et le dévouement ne se ralentirent pas un seul instant. L'Asile de Marie était son œuvre; il lui donnait sans calculer son temps, son argent et son cœur.

1847. — Le progrès s'accentue, et presque toutes les salles deviennent trop petites. Plus de quarante élèves au pensionnat; une cinquantaine à l'externat; quatre-vingt-dix à la classe gratuite, et là encore il faut en refuser tous les jours. On a dû faire venir de Nevers une maîtresse de plus; et malgré ce secours, la pauvre mère Antoinette, toujours faible de santé et souvent malade, est surchargée d'ouvrage. Outre la direction générale de la maison, la direction spéciale de sa communauté et de l'ouvroir, elle doit s'occuper du temporel et quêter, quêter sans cesse..... « Travaillons, ma bonne mère, lui disait son curé de Saint-Pierre, travaillons pendant que nous sommes ici-bas; nous aurons toute l'éternité pour nous reposer ! »

D'ailleurs, pour le moment, les efforts de mère Antoinette étaient magnifiquement récompensés. L'ouvroir surtout lui donnait beaucoup de consolation. Huit orphelines venaient d'achever leur temps, et avaient été placées comme femmes de chambre dans des maisons sûres.

Alors, on vit plus clairement que jamais, et dans tout son ensemble, le bien que pouvait faire l'Asile de Marie. Les jeunes filles qui en sortaient, demeuraient dans le monde des modèles de piété, de modestie, de travail. Fermement attachées à leur ouvroir, comme à une maison paternelle, elles n'avaient pas de plus grand bonheur que d'y revenir, les dimanches, recevoir les conseils de leurs maîtresses et se mêler aux jeux de leurs anciennes compagnes. Mère Antoinette, de son côté, les considérait toujours comme ses enfants;

les suivait, chacune dans sa voie, avec une tendre sollicitude; et faisait tout son possible pour les attirer à l'Asile de Marie, bien convaincue que tant qu'elles fréquenteraient la maison, il n'y avait rien à craindre pour leur persévérance. « Chères enfants! écrivait une sœur de ce temps, la plupart ont eu le malheur de perdre leur mère. Combien nous nous trouvons heureuses que le bon Dieu nous ait choisies pour leur en tenir lieu! »

1848. — Les bruits de la politique viennent expirer sur le seuil de l'Asile de Marie. Là, tandis que dans la société les partis se font la guerre, on s'applique à vivre bien unies dans la paix et l'amour de Dieu.

Un jour, cependant, il y eut grand émoi parmi les orphelines. Plusieurs élèves des classes leur avaient annoncé qu'elles allaient toutes être renvoyées et que l'asile serait fermé. Y avait-il quelque chose de vrai dans cette nouvelle? On ne put le savoir d'une manière précise. Mais les pauvres enfants étaient inconsolables. « Ma mère, disaient-elles en pleurant, que deviendrons-nous ? nous n'avons pas de refuge, pas de parents qui puissent ou qui veuillent nous recevoir ! » — « Ne pleurez point, mes enfants, répondait la digne supérieure; soyez tranquilles, comptez sur moi. Vous ne me quitterez pas. Si l'on vous force de sortir, je sortirai avec vous ; je serai toujours votre mère. Ayons une grande confiance dans le bon Dieu qui nous a toujours bénies, et dans la sainte Vierge qui protège cette maison d'une manière si particulière. » Consolées par ces paroles, et surtout par la conviction bien certaine qu'elles pouvaient compter sur mère Antoinette, les orphelines reprirent leurs travaux, et recommencèrent même, à la récréation du soir, les chants joyeux qu'elles avaient interrompus depuis quelque temps. Souvent les bandes avinées qui parcouraient les rues hurlant des refrains soi-disant patriotiques, s'arrêtèrent brusquement devant cette cour où de fraîches voix de jeunes filles chantaient des rondes enfantines et de gais cantiques. « Qu'est-ce que c'est que ça ? » demandaient les bons patriotes. — Ce sont les orphelines de l'asile. » — « Ah !..... » disaient-ils, et ils reprenaient leur marche et le couplet interrompu : « Aux armes, citoyens !..... Formez vos bataillons !..... »

La Providence veilla sur son troupeau choisi. Jamais peut-être l'ouvrage ne fut plus abondant, mieux rétribué que cette année-là. Même l'alerte par laquelle étaient passées les orphelines avait attiré sur elles l'attention plus bienveillante encore des personnes charitables, et on leur procura bien des petites douceurs qu'elles n'avaient pas connues jusqu'alors.

A la même époque, la supérieure générale allégeait un peu le fardeau de mère Antoinette en lui envoyant une sœur économe chargée de tout le temporel de la maison.

1849, 1850, 1851. — Rien à signaler pendant ces trois années, sinon que le nombre des élèves va toujours en augmentant. La maison est au grand complet; et c'est tristesse, presque tous les jours, d'être obligé de refuser de pauvres orphelines qui viennent solliciter une place à l'ouvroir, ou des enfants qui demandent à être admises dans les classes. Cependant, on travaille beaucoup et les dettes sont à peu près payées.

1852. — Décidément, la maison est trop petite, il faut l'agrandir. M. Monnot rumine un plan dans sa tête ; puis il se fait architecte, entrepreneur, parfois même maçon ou charpentier ; et, en peu de temps, une grande et belle maison vient s'ajouter aux anciens bâtiments des Dominicaines, dans la cour située sur la rue Fructidor. Au rez-de-chaussée, trois belles salles pour les classes gratuites ; au premier, une immense pièce bien aérée et bien éclairée pour la salle de travail des orphelines ; au second, un grand dortoir. Quant au total des dépenses, il montait à la somme très respectable de dix-neuf mille cinq cents francs. Il fallut recommencer les quêtes et les souscriptions. Que d'objections mère Antoinette eut à réfuter ! « Mais, ma mère, lui disait-on, pourquoi accueillez-vous autant d'orphelines si vous n'avez pas de place pour les loger ? » — « Que voulez-vous ! répondait la charitable supérieure, elles viennent me dire qu'elles n'ont ni parents, ni refuge, ni pain ; je ne puis pas cependant les laisser mourir de faim dans la rue ! » Toutefois, on donnait, mais on donnait peu.

Pour comble de malheur, l'ouvrage vint à manquer presque totalement ; et un moment mère

Antoinette se trouva sans aucune ressource, avec soixante orphelines à nourrir. Que faire ? évidemment, se tourner tout d'abord vers Celui qui a promis d'être le Père des orphelins et de ne les abandonner jamais. Ce fut comme un temps de rénovation spirituelle complète et bien fervente. Chacun rentra dans son intérieur, examina sérieusement ce qui pouvait y déplaire à Dieu, et, après une excellente confession, s'arma de résolutions généreuses. Puis l'on commença une neuvaine à saint Joseph, et l'on fit dire deux messes en l'honneur de ce puissant avocat des causes désespérées.

A peine la neuvaine était-elle achevée, que l'ouvrage vint de toutes parts, et ne fit plus jamais défaut. Chose étonnante ! les principales commandes arrivaient le mercredi, jour consacré à saint Joseph, et le samedi, consacré à la sainte Vierge. Plusieurs ne verront là que le fait du hasard. Pourquoi n'y verrions-nous pas une touchante disposition de la divine Providence ? Tel fut du reste l'avis des orphelines. Saint Joseph fut proclamé patron secondaire de l'asile. On promit d'avoir toujours recours à lui avec confiance, et une belle statue fut érigée en son honneur : la même qui se voit encore, dans l'une des cours de récréation, au milieu d'un bosquet d'arbres verts.

Vers le même temps, il y eut un jour d'angoisses plus terribles encore que toutes celles qu'on avait traversées jusque-là. Un ouvrier apporte une traite de près de trois mille francs; il veut être payé immédiatement, n'accorde aucun délai, menace même d'une saisie, car il a besoin de son argent et a déjà beaucoup patienté. « Attendez au moins jusqu'à demain, » disent les pauvres sœurs. — « Oui, jusqu'à demain; mais c'est la dernière limite ! »

Inutile d'aller à la caisse, on savait bien qu'elle était vide. Mère Antoinette se mit en visites, mais toutes les bourses demeurèrent fermées. Épuisée de fatigue et d'inquiétude, elle revenait à l'asile, quand l'idée lui vint de monter chez M. X....., insigne bienfaiteur de sa maison. « Je ne lui demanderai rien, se disait-elle, trop de fois déjà il nous a donné; je lui ferai seulement part de notre embarras, et peut-être aurai-je de lui un bon conseil. » L'entretien fut plein de bienveillance de la part de l'excellent chrétien : « Vraiment, ma chère mère, cette fois j'ignore comment Dieu viendra à votre secours ; confiance, cependant! » Ce furent ses dernières paroles, en accompagnant mère Antoinette.

« Rien ! » dit celle-ci, aux sœurs qui l'attendaient avec anxiété. Selon l'usage, la communauté se rendit à la chapelle pour la méditation du soir. Et à peine en était-on sorti, qu'on vint annoncer que quelqu'un attendait la chère mère au parloir. C'était Mademoiselle X..... « Oh ! ma mère, s'écria-t-elle, que je suis heureuse ! Vous viendrez demain à la maison, mon père vous donnera la somme dont vous avez besoin. Lui-même a voulu que je vous avertisse dès ce soir, dans la crainte que l'inquiétude ne vous empêchât de dormir. Soyez donc tranquille, et bonne nuit ! » Quel *Te Deum* d'actions de grâces religieuses et orphelines entonnèrent ce soir là !.....

Quelques mois étaient à peine écoulés, que le même M. X..... promettait douze mille francs. Sans attendre, sa généreuse fille s'engageait à en servir la rente à mère Antoinette ; puis, bientôt, lui apportait la somme elle-même qu'elle avait empruntée, pensant qu'il valait mieux payer au plus vite la dette de l'asile.

Donner ainsi aux pauvres, c'est placer à gros intérêts. Leurs prières humbles et reconnaissantes sont la source des plus abondantes grâces. Tant que l'Asile de Marie subsistera, pas un jour ne s'écoulera qu'on n'ait nommé M. X... et les autres bienfaiteurs, qu'on n'ait prié pour le repos de leur âme et pour leurs familles !

1853. — Les premières étrennes vinrent, cette année, de la part de la municipalité chalonnaise. Touchés des services rendus par les classes gratuites de l'asile, les édiles du temps votèrent un secours annuel de quinze cents francs, plus deux cents francs pour l'achat des prix. Aussitôt on fit venir deux nouvelles sœurs de Nevers, et les classes gratuites, convenablement organisées en trois divisions, montèrent rapidement à une population de deux cents petites filles.

Quant à l'ouvroir, objet des prédilections de mère Antoinette, il continua de faire sa joie et sa consolation. Déjà les orphelines de la fondation ont toutes dû s'éloigner de l'asile, car leur temps était fini et il fallait faire place à d'autres. La plupart sont placées dans de bonnes maisons; plusieurs même sont entrées dans des communautés religieuses. Toutes se font remarquer par leur mise simple et modeste, leur vraie et sincère piété. Toutes gardent l'affection la plus tendre pour la maison où leur jeunesse s'est passée si heureuse, où elles ont appris à travailler et à aimer le bon Dieu.

Bien des années s'écoulèrent ainsi calmes et tranquilles. Les classes sont en pleine prospérité, l'ouvrage abonde chez les orphelines, et quand il se fait un peu attendre on s'adresse à saint Joseph qui exauce toujours. « Priez beaucoup, mes enfants, disait mère Antoinette, et demandez de l'ouvrage qui se paye immédiatement et bien cher. »

De temps en temps, on a d'agréables surprises; et le triste fantôme des dettes et des intérêts à payer s'éloigne, s'efface de plus en plus. Ainsi, en 1853, c'est un bon chrétien qui laisse par testament une somme de dix mille francs. En 1858, voici un cadeau de deux mille francs. En 1861, une demoiselle, dont le nom est inscrit parmi ceux des principaux bienfaiteurs de l'asile, donne dix-huit mille francs, puis, presque aussitôt, assure par testament un legs de huit mille francs. Assurément tout cela était bel et bon. « N'avais-je pas raison de dire, s'écriait mère Antoinette, que Dieu viendrait à notre secours! »

Cependant, la santé toujours faible et languissante de la vénérable supérieure inspirait les plus vives inquiétudes. Souvent même on eut de terribles alertes, et l'on crut que cette existence si nécessaire encore à l'œuvre allait être brisée. Alors les pauvres orphelines ne savaient qu'imaginer pour que Dieu leur conservât leur mère bien-aimée.

Pendant une de ses plus longues maladies, elles demeurèrent continuellement deux à la chapelle, se remplaçant chaque demi-heure, et faisant le chemin de la croix, ou récitant les psaumes de la Pénitence.

Dans une autre circonstance, elles firent une neuvaine de communions; et le neuvième jour, au moment même de la communion générale, un mieux sensible se manifestait dans l'état de la malade, et l'oppression qui l'étouffait disparaissait presque subitement.

Non pas assurément que nous voulions voir là, à tout propos, une intervention miraculeuse de la Providence. Et, cependant, ceux qui ont connu mère Antoinette dans l'intimité de la vie, ont peine à s'expliquer comment cette existence si frêle et en même temps si occupée, parfois même si violemment secouée, put se soutenir pendant tant d'années. Dieu avait ses desseins! Et les prières des pauvres orphelines, leurs inquiétudes, leurs larmes prouvent au moins combien elles aimaient leur supérieure.

En 1861, au mois de janvier, la maladie fut tellement grave, que mère Antoinette, condamnée par les médecins, s'était préparée à la mort et avait pris toutes ses dispositions dernières. La maison était dans la désolation, et l'on n'espérait plus détourner le coup fatal. Déjà les symptômes d'une agonie prochaine se manifestaient, quand la malade s'adressant à la sœur placée à son chevet: « Je voudrais, dit-elle, voir une dernière fois mes orphelines. » — « Oh! ma mère, cela vous fatiguera trop! » — « N'importe! je ne veux pas mourir sans leur dire un dernier adieu! »

Grandes et petites, toutes furent donc introduites dans la chambre. Agenouillées auprès du lit, elles fondaient en larmes, et ne pouvaient maîtriser leurs sanglots. Mère Antoinette, les contemplant de son regard presque éteint, essaya, mais en vain, de leur adresser quelques paroles. Ses lèvres étaient glacées. Elle leur fit signe alors d'approcher deux à deux pour qu'elle pût les bénir une dernière fois. Déjà sa main défaillante ne pouvait plus se lever d'elle-même ; il fallut qu'une sœur soutînt son bras, et plaçât cette main mourante sur la tête de chacune des orphelines. Puis le bras retomba inerte sur la couche ; et mère Antoinette ferma les yeux comme entièrement épuisée dans l'effort suprême qu'elle venait de faire.

On entraîna les pauvres jeunes filles dont les sanglots et les larmes redoublaient. « Non, s'écrièrent-elles, il ne sera pas dit que notre mère chérie nous quittera ainsi ; il faut que Dieu nous écoute ! » Toutes firent vœu d'aller, dans le plus profond silence, jusqu'à l'église Saint-Marcel située à quatre kilomètres de la ville, et de demander la guérison tant désirée par l'intercession du glorieux apôtre de Chalon [1], et par celle de saint Pierre

---

1. Saint Marcel, après avoir partagé les travaux et les épreuves du glorieux évêque martyr de Lyon, saint Pothin, remonta le cours de la Saône avec son compagnon, saint Valérien. Ils se séparèrent à Mâcon ; et tandis que Valérien, longeant la rive droite, allait évangéliser Tournus et y mourir, Marcel se jetait dans les forêts de la rive gauche, annonçait l'Évangile aux habitants de cette partie du pays des Séquanais qui forme aujourd'hui la Bresse chalonnaise, et arrivait aux portes de Chalon. La ville alors adorait Mars, Mercure, Minerve ; une de ses portes était couronnée de l'image du Soleil, et une statue colossale de Saturne s'élevait sur les rives de la Saône. Marcel fait entendre sa voix, et bientôt Jésus-Christ compte de fidèles

d'Alcantara auquel mère Antoinette avait une grande dévotion. Aussitôt le pieux pèlerinage s'organise. A voir ce recueillement, ces yeux baissés, ces lèvres scellées par le silence, on eût dit d'une procession de pénitentes. Allez, pauvres enfants ! Dieu a le regard sur vous, son cœur est touché, il a déjà exaucé vos désirs..... Grande fut la joie au retour, en apprenant que vers le moment où l'on priait avec tant d'ardeur devant la châsse de saint Marcel, un mieux sensible s'était manifesté dans l'état de la malade. Maintenant elle reposait doucement, et quelques jours après tout danger avait disparu.

adorateurs sur cette terre païenne. Mais la persécution éclate avec une incroyable fureur. Marcel reprend la route de la Séquanie, sur la rive gauche de la Saône. A peine a-t-il traversé le fleuve, qu'il est arrêté par le préfet Priscus. Le récit de ses souffrances et de sa mort est une des plus belles pages des Actes des Martyrs. (178.)

« Dieu ne laisse pas sans honneur les ossements de ses saints.
» Le tombeau de saint Marcel fut glorieux ; il reçut les hommages
» des monarques, des grands et des infirmes de toute condition.
» Saint Gontran, roi de Bourgogne, bâtit une abbaye en l'honneur
» de saint Marcel, sur le lieu même où il fut martyrisé, à deux
» milles de Chalon. On y voit encore aujourd'hui le puits où notre
» saint fut enterré jusqu'à la ceinture. Les reliques de saint
» Marcel ont échappé au pillage des protestants qui ravagèrent
» l'abbaye en 1562. La châsse d'argent qui les contenait avait
» été cachée dans les bois de Vèvre, près d'Epervans. Elles

Le pèlerinage fut fait si sérieusement, qu'une petite orpheline, la plus petite de toutes, qui s'était oubliée à dire un seul mot, fut sévèrement punie, le soir. Ses grandes compagnes ne lui laissèrent manger qu'un morceau de pain sec, et l'envoyèrent de suite se coucher.

Chose étonnante! les orphelines avaient demandé pour leur supérieure encore vingt ans de vie : elle mourut au bout de vingt ans et quelques mois. Et ces pauvres enfants étaient tellement convaincues que leur prière avait été exaucée, que, dans les maladies suivantes de mère Antoinette, elles ne manifestèrent aucune inquiétude. Mais quand

» furent aussi conservées pendant la révolution française; car on
» les inhuma dès le commencement dans le cimetière de la
» paroisse, en présence de témoins dignes de foi. Et dès que la
» paix eut été rendue à l'Église, on les exhuma en présence des
» mêmes témoins qui en reconnurent et en attestèrent l'identité.
» Elles sont aujourd'hui renfermées, avec celles de saint Agricole,
» évêque de Chalon, dans une arche de bois doré, supportée par
» deux anges, au fond de l'abside de l'église de Saint-Marcel.
» Toute la contrée témoigne une grande dévotion envers ce saint
» apôtre; et cette confiance a été justifiée par de nombreux et
» éclatants miracles, opérés par sa puissante intercession. »
(*Légendaire d'Autun*, par M. Pequegnot, chanoine théologal de la Cathédrale, t. II, p. 235.)

L'église de Saint-Marcel, du style de transition du douzième au treizième siècle, presque intégralement conservée et très bien restaurée, est excessivement remarquable.

vint l'année 1881, elles se dirent : « Voilà l'année où nous aurons la douleur de perdre notre chère mère ! »

1862, 1863. — Années laborieuses pour le vénérable M. Monnot. Les modestes *Mémoires* de mère Antoinette célèbrent ses louanges avec une naïveté charmante et une sincère reconnaissance. Que ne pouvons-nous les reproduire !

Les dettes étant à peu près payées, il fallut régulariser la situation, car jusqu'alors tout demeurait au nom de M. Monnot qui était loin de se croire immortel. Puis, à peine fut-on libéré de toutes dettes, qu'on se vit dans la nécessité d'en contracter de nouvelles. Encore une fois la maison était devenue trop étroite. Surtout, le nombre des pensionnaires augmentait considérablement; et plusieurs appartenant à de très bonnes familles, il fallait à tout prix un local convenable.

Après bien des pourparlers, on décida qu'on élèverait un second étage sur toute la maison. Grande idée sans doute, mais idée dont la réalisation devait coûter cher ! Vingt-neuf mille francs ! *Tu autem, Domine, miserere nobis*, dit le bon M. Monnot, « Seigneur ayez pitié de nous ! »

Une petite loterie produisit deux mille francs. Une personne charitable s'engagea pour neuf billets de mille francs, avec promesse d'en acquitter un chaque année. Mais on était loin de compte encore ! Comment vint-on à bout de cette dette et de tant d'autres ? Nous l'ignorons, personne n'a pu nous renseigner à ce sujet. Pas d'autre donnée que cette petite note écrite, en 1863, de la main de mère Antoinette : « M. l'abbé Monnot déploie de plus en plus son zèle et son industrie pour payer cette grande somme. Cependant nous avons bien besoin encore du secours de la Providence. »

A part les soucis d'argent et les maladies de mère Antoinette, rien, jusqu'à présent, n'avait troublé les habitants de l'Asile de Marie. Tout allait bien, trop bien même peut-être, car les œuvres de Dieu, tout comme les âmes saintes, doivent passer par l'épreuve de la tribulation. La grande épreuve était réservée pour l'année 1867.

Vers la fin de janvier, plusieurs orphelines et plusieurs sœurs tombèrent presque subitement malades. Pas d'illusion à se faire, la fièvre typhoïde était à l'asile. On crut, pendant quelque temps, pouvoir enlever à la maladie son caractère épidémique en circonscrivant dans l'endroit le plus retiré celles qui en étaient atteintes. Mais bientôt les médecins déclarèrent formellement qu'il fallait évacuer la maison au plus tôt. Des vacances forcées furent données aux élèves de toutes les classes. Quant aux orphelines, on les plaça chez des personnes sûres, soit en ville, soit à la campagne, moyennant une petite pension. Il ne resta à l'asile que les malades incapables d'être transportées. Six orphelines et une sœur succombèrent à la violence du mal.

C'est dans l'épreuve surtout que l'on reconnaît si l'on a des amis. De toutes parts, les plus vives sympathies se manifestèrent en faveur de l'asile. Les communautés religieuses d'abord mirent à la disposition de mère Antoinette tous les secours dont elles pouvaient disposer, et cela, non seulement à Chalon, mais dans tous les environs. C'est ainsi que les sœurs de la Présentation, de Pontoux, accueillirent et soignèrent avec dévouement deux orphelines convalescentes. Trois autres orphelines convalescentes et deux religieuses très malades furent reçues, choyées et guéries par les sœurs de la Charité, de Mâcon.

En même temps, les familles chrétiennes rivalisaient de générosité et de délicates attentions. Deux noms surtout resteront à jamais bénis et entourés de vénération. Nous ne les prononcerons pas, pour ne point transgresser la règle qui nous a été fixée. Mais qu'on sache bien que la reconnaissance est un des premiers devoirs que la religion impose, et, qu'à l'Asile de Marie, les bienfaiteurs ne seront jamais oubliés.

Quelle fut, durant l'épreuve, l'attitude de mère Antoinette ? Voici une note de l'une des anciennes orphelines, maintenant religieuse de Saint-Joseph, de Lyon :

« C'est alors que l'on vit ressortir sa grandeur
» d'âme. Elle resta calme, résignée, soumise
» dans l'épreuve comme aux jours de la pros-
» périté. Elle ne prononça pas une seule parole
» de plainte, pas un mot de découragement.
» N'attribuant qu'à elle-même, à son peu de fer-
» veur, le fléau qui s'abattait sur sa maison, elle
» dit simplement un jour : « Dieu m'éprouve dans

» ce qui m'est le plus sensible; c'est que je l'ai
» mérité! »

Cependant, la maison avait été nettoyée du haut en bas; on avait blanchi les plafonds, renouvelé les papiers, refait tous les matelas et toutes les paillasses..... Ensuite, eut lieu une visite domiciliaire des médecins qui constatèrent que tous les miasmes avaient disparu.

Les élèves des classes furent convoquées pour le 25 mars. Mais la rentrée définitive n'eut lieu que le 21 avril, lundi de Pâques. Les orphelines étaient au comble de la joie de se sentir de nouveau réunies, de retrouver leurs bonnes maîtresses et mère Antoinette. Quant aux enfants des différentes classes, contre l'espérance générale, non seulement elles revinrent toutes, à l'exception d'une seule, mais plusieurs nouvelles se présentèrent.

Tout semblait donc sourire; un rayon de joie illuminait toutes les physionomies; mère Antoinette était heureuse, quand, un jour, une sœur est prise d'une lassitude extrême, symptôme trop connu! Bientôt, en effet, la fièvre typhoïde se manifeste avec une violence extraordinaire. Les médecins, convoqués en toute hâte, déclarent qu'il faut dans le plus bref délai éloigner la malade, sous peine d'être obligé d'évacuer la maison une seconde fois. Evidemment, malgré la peine que tout le monde éprouvait de se séparer de cette sœur très aimée des enfants et de la communauté, il n'y avait pas à hésiter. Dans les moments d'angoisses, on est heureux de recourir à l'assistance d'une bonne mère : la malade fut conduite à la maison mère de Nevers, et accueillie là comme une enfant. Malgré le changement d'air, les soins les plus intelligents, il lui fallut longtemps pour se remettre. Enfin, trois mois après son départ, elle revenait à Chalon où elle fut reçue avec tous les témoignages de l'affection la plus sincère.

Une autre épreuve était réservée à mère Antoinette et à l'Asile de Marie, avant la fin de cette année 1867. En moins de deux mois, sœur Félix était enlevée par une maladie de cœur. Depuis quinze ans, cette fervente religieuse n'avait cessé de donner dans son emploi l'exemple d'un dévouement sans mesure et d'une patience à toute épreuve. Aussi était-elle chérie des enfants, très estimée des parents, presque populaire dans la ville. Sa piété était d'une grande douceur. Conviée à la retraite générale de Nevers, quelques mois avant sa mort, elle avait édifié tout le monde par son recueillement, par sa fidélité aux exercices, bien que déjà elle fût très malade. Mère Antoinette fut inconsolable de cette perte. Elle aimait tendrement ses sœurs et n'eût jamais voulu se séparer d'elles.

L'année suivante, 1868, non pas la mort, mais la volonté des supérieurs devait lui ravir sa plus fidèle compagne, son amie, sœur Dominique Jouvel, avec qui elle avait commencé la fondation de l'Asile de Marie. Cette digne sœur, appelée au poste de supérieure dans une maison éloignée de Chalon, n'avait cessé jusqu'alors de gouverner l'ouvroir avec beaucoup de sagesse et de bonté. C'est pourquoi, si tout le monde ressentait l'amertume de la séparation, les orphelines, elles, étaient inconsolables. Prières, lettres à Nevers, tous les moyens furent mis en œuvre par ces pauvres enfants pour que leur maîtresse leur fût rendue. Mère Joséphine Imbert, alors supérieure générale, eut la bonté de leur répondre elle-même pour les engager affectueusement à faire leur sacrifice, car il était impossible de revenir sur la décision prise.

Certaines coïncidences heureuses retardèrent de quelques mois l'arrivée de la remplaçante de sœur Dominique. Pendant ce temps, les têtes se calmèrent, les petits mécontentements disparurent; car dirai-je que l'esprit de révolte souffle parfois jusque parmi ces jeunes filles, ces enfants de la Providence? Le croira qui voudra, et cependant c'est très vrai. Bref, sœur Rosalie fut bien accueillie. D'ailleurs elle était parfaitement capable d'occuper sa place. Douée d'un grand esprit d'ordre et de régularité, douce et ferme tout à la fois, elle eut vite pris le dessus. Et l'ouvroir rentra dans ses habitudes de travail, d'obéissance et de piété. Un nuage venait de passer, et le ciel avait repris sa sérénité.

Le calme le plus profond régnait à l'Asile de Marie; chaque sœur s'acquittait fidèlement de son modeste emploi; les enfants travaillaient avec ardeur sous le regard de Dieu; les journées s'en allaient rapides et heureuses, quand, soudain, les bruits sinistres qui agitaient la patrie vinrent émouvoir tous les cœurs. On était en juillet 1870 ; la guerre était déclarée avec la Prusse. Mère Antoinette fut atterrée; car elle aimait passionnément la France, cette humble et petite religieuse étrangère à toutes les divisions de la politique et qui jamais ne lut un journal! Elle l'aimait de cet amour pur, sucé avec le lait, fortifié par la religion, hélas! qui diminue de jour en jour pour faire place à l'ambition, à l'égoïsme, à l'esprit de parti! Elle l'aimait parce qu'à ses yeux la France était réellement la France, c'est-à-dire la patrie, la nation catholique, généreuse, héroïque. Dieu sait ce qu'elle fit de prières pour le succès de nos armes! D'autant plus que, dès le premier moment, elle eut comme l'intuition de nos malheurs. « Priez bien, mes enfants, disait-elle à ses sœurs réunies autour d'elle, priez bien; car j'ai peur que tout cela tourne mal! »

Dès qu'il fut question d'établir des ambulances à Chalon, elle alla elle-même proposer ses sœurs pour le service des malades. Et ainsi, jusqu'à la fin de la guerre, tandis qu'une partie de la communauté se dévouait à soigner nos malheureux soldats blessés, les autres sœurs, restées à l'asile, redoublaient d'ardeur et se multipliaient pour suppléer au nombre et remplir toutes les charges de la maison.

Mère Antoinette elle-même, quand elle rencontrait à travers les rues quelque pauvre soldat tremblant de faim, de froid ou de fièvre, tant la misère était grande, se faisait un bonheur de l'amener à l'asile, de lui prodiguer tous les soins et tous les secours dont elle était capable. Durant le terrible hiver, combien sont venus se chauffer à ce foyer toujours hospitalier, manger le pain gagné par d'humbles orphelines, par de pauvres religieuses! On cite un jeune homme qui déclara formellement après la guerre, qu'il devait la vie à mère Antoinette ; que, sans elle, il serait très certainement mort de misère.

Durant ces tristes temps, Dieu bénissait toujours l'ouvroir en envoyant du travail. Toute la journée, les orphelines étaient assidues à leur ouvrage, et, le soir venu, elles veillaient très tard à faire de la charpie et à préparer des bandelettes pour les blessés. Plus de cantiques, plus de chants joyeux. « Mes enfants, disait la vénérable mère, la France notre chère patrie est bien humiliée ! Que ferons-nous ? Nous prierons, nous nous humilierons....... nous ne pouvons que cela, et c'est beaucoup ! »

Enfin, la paix fut conclue..... Au prix de quels sacrifices! Tous les cœurs généreux en pleurent encore; et il y a des cœurs généreux sous la robe de bure!.....

A l'automne de cette année 1871, mère Antoinette alla à Nevers pour la grande retraite des supérieures. « C'est sans doute la dernière fois que je vais à notre maison mère, se dit-elle, il faut que j'en profite pour me convertir vraiment. » Quelle joie et quelle édification pour elle de se trouver au milieu de ces vénérables anciennes! Tandis que chacune prononçait son nom et la désignait à l'attention des mères qui ne la connaissaient point, elle se croyait bien sincèrement la plus humble, la plus ignorée de toutes, et la dernière en vertu. Elle suivait tous les exercices avec l'exactitude d'une novice; elle s'appliquait à elle-même toutes les paroles du prédicateur. Le rayonnement de la flamme céleste qui brûlait son cœur apparaissait sur son visage. Mais, un jour, on ne la vit plus à sa place accoutumée..... Dieu la visitait par la souffrance : elle était étendue sur un lit de l'infirmerie.

La maladie fut longue et cruelle. Elle dura plus de deux mois ; à plusieurs reprises, on crut que les portes du tombeau allaient s'ouvrir. Seules les orphelines de l'asile, malgré l'éloignement et les nouvelles alarmantes, ne perdirent pas confiance un seul instant. Elles se souvenaient du pèlerinage de Saint-Marcel et disaient : « Notre chère mère guérira et elle nous reviendra ! » Pauvres orphelines! combien de fois chaque jour, de son infirmerie de Saint-Gildard, mère Antoinette se transporta auprès d'elles par la pensée et par le cœur! Cependant, pas la moindre plainte ne sortit de ses lèvres, et rien ne put ébranler cette patience angélique qui faisait le fond de son caractère.

Deux saintes, une vénérable mère et une jeune sœur, s'assirent à son chevet et lui prodiguèrent les soins les plus tendres et les plus dévoués. La mère, déjà bien âgée, mais dont le cœur n'avait point vieilli, était mère Marie, supérieure de la Charité d'Autun, l'intime amie de mère Antoinette. Nous parlerons de cette amitié touchante.

La sœur, encore jeune et vive, quoique bien frêle et rongée intérieurement par ce mal qui ne

pardonne pas, était la voyante de Lourdes, celle à qui Marie apparut et dit : « Je suis l'Immaculée Conception. » Bernadette, en religion sœur Marie-Bernard, remplissait à Nevers les délicates fonctions d'infirmière. Qu'on nous permette de transcrire ici quelques lignes d'un bien beau livre écrit sur elle avec une si communicative émotion :
« A l'infirmerie, elle excellait à soigner ses com-
» pagnes malades, à panser leur corps, à réconforter
» leur âme, à les égayer, à les charmer. C'était,
» dans la salle de douleurs, un perpétuel rayon du
» ciel. Devenue fort habile dans la connaissance des
» remèdes et dans l'art de les appliquer, elle était
» pour le médecin un coopérateur des plus intel-
» ligents, des plus dévoués, des plus précieux. »[1]

En une telle compagnie, la maladie de mère Antoinette fut presque une conversation avec le ciel. Elle revint à Chalon, au mois de décembre, à peu près guérie et répandant autour d'elle un parfum exquis de grâce et d'amour de Dieu.

A peine avait-elle repris ses occupations et la direction de sa maison, qu'une épine cruelle s'enfonça dans son cœur. Sœur Arsène, qu'elle

---

1. *Bernadette*, par Henri Lasserre, pages 305, 306.

aimait tendrement, lui fut enlevée par la mort. Perte considérable pour l'Asile de Marie, au point de vue temporel, parce que la position sociale de sœur Arsène la mettait à même de faire du bien. Perte surtout au point de vue spirituel, car cette sœur était un exemple accompli de patience, d'humilité, de dévouement, cherchant toujours la dernière place, étant heureuse, malgré ses vives souffrances, de venir en aide à ses compagnes surchargées d'ouvrage. Tombez, pauvres fleurs ignorées du monde mais précieuses devant Dieu! tombez sous les rudes labeurs de la charité, de l'éducation de l'enfance!..... Tombez, pour refleurir à jamais dans un monde meilleur !

Rendue au calme et à la paix, malgré ses plaies toujours saignantes, la France se reprenait à espérer. D'un bout à l'autre de son territoire, un cri enthousiaste avait retenti : « C'est à Dieu qu'il faut aller, c'est à Marie, c'est au Sacré-Cœur ! » Toutes les âmes chrétiennes et patriotiques furent émues. Le grand mouvement de 1873 amena mère Antoinette à Paray-le-Monial. La dévotion au cœur humble de Jésus et à l'humble vierge Marguerite-Marie avait pour elle un charme immense. Ce seul mot « le Sacré-Cœur » la faisait tressaillir.

Non loin de Paray-le-Monial, est la petite ville de Charolles, où les sœurs de Nevers dirigent un hospice et un important établissement d'éducation. Situées l'une à côté de l'autre, sur le penchant d'une colline, ces deux maisons étalent au soleil leurs blanches façades, au milieu de bosquets et de massifs de fleurs. Mère Antoinette vint là se reposer quelques jours, et on garde de sa visite le meilleur et le plus édifiant souvenir.

L'asile était en pleine prospérité; la vénérable fondatrice disait : « Maintenant, je mourrai tranquille ! » Non pas certes qu'elle se crût nécessaire à l'œuvre; au contraire, dans sa conviction la plus intime, elle se regardait comme un obstacle au bien. Mais voyant le bon esprit des enfants de toutes classes, le dévouement des maîtresses, la confiance des familles, naturellement elle était heureuse, et, comme le vieillard Siméon, elle chantait son *Nunc dimittis !*

Cependant une idée lui tenait fortement au cœur et elle en parlait à tout instant..... « Ce qu'il y a de triste, disait-elle, de vraiment humiliant, c'est que, dans notre maison, le Maître est le plus mal logé. » Et en effet la chapelle n'était qu'une salle ordinaire. « Oh ! qui me donnera, disait-elle encore, d'élever à Dieu, au milieu de nous, une demeure digne de Lui ! » Sans doute elle hésitait à recommencer une souscription. Tant de fois déjà elle avait fait appel à la charité des habitants de Chalon ! Au surplus, pensa-t-elle, les autres fois, c'était pour les enfants ; cette fois, c'est pour Dieu, et Dieu a encore des amis ! Un jour donc, vers la fin de 1874, elle déclara à la communauté qu'elle était résolue à se remettre à quêter.

Tout alla pour le mieux. La pensée qu'il s'agissait de loger le bon Dieu à l'asile semblait avoir rendu à la pauvre vieille supérieure comme un renouveau de jeunesse, d'enthousiasme et d'activité. Du matin au soir, elle allait et venait, gaie et souriante, presque sans fatigue. Partout on la recevait avec les témoignages d'une vénération profonde et on donnait généreusement, pour Dieu sans doute, mais aussi à cause d'elle.

Un brave original fut presque seul à lui faire

des objections : « Comment, ma mère, encore une quête..... et pour bâtir une chapelle! N'y a-t-il pas déjà assez de chapelles et d'églises à Chalon? » Et ainsi de suite sur ce ton-là. Mère Antoinette demeurait impassible et ne bougeait pas plus qu'un terme, car elle connaissait son homme de vieille date. Quand il eut parlé longtemps, il se leva brusquement et revint, quelques minutes après, apportant une généreuse offrande.

Enfin, une famille généreuse, la famille Guichard, toute dévouée au bien et que mère Antoinette nommait sa *Providence*, ayant fait don d'un terrain contigu aux cours de l'asile, on y jeta les fondements de la chapelle. La première pierre fut solennellement bénite, le 1er mai 1875, par M. Compain, le vénérable curé de la paroisse. Les orphelines entonnèrent leurs plus beaux cantiques; mère Antoinette était rayonnante de bonheur. Sous l'habile direction de M. Monnot, les travaux avancèrent rapidement. Au mois de mai 1876 tout était terminé : la nef romane, d'une architecture simple, mais de bon goût, était admirée de tous; les fenêtres et une belle rose garnies de vitraux laissaient entrer une douce lumière; un riche autel de marbre blanc resplendissait dans le chœur.

Mère Antoinette se croyait déjà au vestibule du Paradis.

On profita d'un séjour que fit dans son diocèse natal Mgr Petitjean, évêque du Japon. Entouré de tout le clergé de Chalon, de tous les bienfaiteurs de l'asile, il bénit le nouveau sanctuaire, y célébra pour la première fois la messe, puis parla sur la parabole du grain de sénevé. Impossible de rendre la joie naïve et l'émotion de mère Antoinette. Elle aimait tellement cette chapelle, elle trouvait qu'on y priait avec tant de recueillement, qu'on ne pouvait plus l'en faire sortir. Volontiers, elle y serait demeurée jour et nuit.

Maintenant, l'œuvre est achevée; elle a reçu son couronnement. La sainte fondatrice n'a plus qu'à se préparer à la mort, elle le comprend et le fait de tout son cœur. Elle ne sort plus qu'à de rares intervalles et pour des visites obligatoires.

D'ailleurs, sa faiblesse est extrême; la moitié de ses journées doivent se passer au lit ou dans un fauteuil. Sa chambre est devenue la salle de communauté, où les sœurs se réunissent pour les lectures et les récréations. Quand ses forces lui permettent de se tenir levée, on est sûr de la trouver à la chapelle, ou dans sa chambre, presque toujours agenouillée et les yeux levés sur un grand crucifix.

Si elle n'est plus le bras de la maison, elle en est toujours le cœur, foyer de vie et de charité; elle en est toujours la tête, grâce au bon esprit des sœurs qui l'assistent et s'appliquent à ne rien faire que par elle. Mais la mort n'est pas loin. Ainsi les plus belles vies ont un déclin et l'heure du crépuscule.

## CHAPITRE V.

### PORTRAIT DE MÈRE ANTOINETTE.

Portrait physique. — Vertus morales et religieuses. — Humilité. — Foi. — Confiance en Dieu. — Mortification. — Exercices de piété. — Charité envers le prochain.

Nous nous sommes appliqué jusqu'ici à suivre mère Antoinette dans les faits principaux de sa longue carrière, dans ses travaux et dans ses œuvres. Arrivons maintenant à cet ordre de faits qui n'appartiennent à nulle époque plus qu'à une autre, parce que, constituant l'état habituel de la personne, ils sont de tous les jours, de tous les instants. En d'autres termes, essayons de dessiner le portrait physique et moral de la pieuse fondatrice de l'Asile de Marie.

Mère Antoinette était petite de taille, d'une constitution excessivement faible et délicate. A peine passa-t-elle deux ou trois années de sa vie sans faire quelque maladie grave qui la retînt au lit plus ou moins longtemps. Bien des fois on la crut à toute extrémité et on lui administra les derniers sacrements. Calme et résignée, souffrant en silence, en union continuelle avec Jésus agonisant, elle ne se plaignait jamais; elle ne parlait même presque jamais de ses douleurs et n'aimait pas qu'on lui en parlât. Le croirait-on ? elle bénissait Dieu de cette pauvre santé, parce que, sentant la mort presque continuellement à ses côtés, elle ne se faisait pas d'illusions, et se préparait mieux à en recevoir le coup fatal.

Presque toutes ses maladies furent des fluxions de poitrine ou des fièvres d'une violence et d'une ténacité extrêmes. Ordinairement, le médecin prescrivait le changement d'air. Elle s'en allait à Autun où l'air vif des montagnes triomphait promptement du mal. Là encore, elle trouvait mère Marie, son intime amie; et quelle force, même physique, ne puisait-elle pas dans ses entretiens avec cette âme d'élite! Plusieurs fois aussi, elle vint à la Charité de Mâcon, où l'on était toujours heureux de la recevoir, de la soigner; où les sœurs qui l'y ont vue parlent encore d'elle avec vénération.

Le visage, ordinairement très pâle, s'animait vite et reflétait, à ne s'y pas méprendre, tous les sentiments, toutes les émotions du cœur. Les yeux, quoique vifs et ardents, avaient une grande expression de mansuétude et de bonté. L'ensemble de la personne était simple, modeste, ne provoquant nullement l'attention de ceux qui ne la voyaient qu'en passant.

On a déjà compris qu'avec un tel tempérament mère Antoinette devait être d'une sensibilité extrême. Plusieurs de ses maladies ne furent que la conséquence des grands ennuis qu'elle eut à supporter. Et, les dernières années, le médecin disait habituellement aux sœurs attentives autour d'elle : « Surtout, évitez-lui toute émotion ; le moindre choc briserait sa vie comme un fil d'araignée. » A force de se dominer, elle vint à bout de rendre cette sensibilité tout intime, au point que, sur la fin, presque plus rien n'en parut à l'extérieur. Néanmoins, nous manquerions à l'impartialité en taisant que, plus d'une fois, ceux qui vécurent auprès d'elle souffrirent de sa vivacité. C'est dans la lutte contre les défauts de la nature que consiste le vrai mérite : mère Antoinette eut beaucoup à lutter. Que d'efforts, que d'examens pour se rendre maîtresse de ce défaut dominant qu'elle reconnaissait très bien être le principe de toutes ses fautes ! Encore n'était-il pas seul ! Elle avait souvent, en affaires, une ténacité exagérée envers sa manière de voir, et il fallait argumenter longtemps et ferme pour l'amener à modifier ses opinions. Mais quand une fois elle était convaincue, oh! alors, elle rendait les armes avec une franchise et une générosité complètes. C'étaient là, nous a-t-on dit, les défauts de ses qualités : sans doute! Mais nous sommes sûr que, tout en admirant les qualités, plusieurs qui nous liront nous auraient vivement blâmé si nous eussions passé les défauts sous silence.

Mère Antoinette n'était pas lettrée. Nous avons vu comment, dans sa jeunesse, la maladie et la faiblesse des yeux l'empêchèrent de fréquenter assidûment les classes. Plus tard, cette lacune avait été quelque peu comblée au noviciat de Nevers, et à la Charité, mais d'une manière très insuffisante. Encore jeune, elle n'écrivait déjà plus que bien difficilement, car sa main tremblait beaucoup : les livres de comptes étaient tenus par une sœur, sous sa direction, et elle dictait toutes ses lettres. Tel est sans doute le motif pour lequel il nous a été impossible de trouver une seule lettre intime à une supérieure ou à une amie, dans laquelle elle s'entretînt cœur à cœur. Volontiers, elle parlait de son ignorance pour s'en humilier; mais au fond de l'âme, elle en souffrait beaucoup. Elle aimait et estimait les personnes savantes. Aussi, suivait-elle avec sollicitude les progrès des enfants des classes, même des orphelines de l'ouvroir; et dans ses admonestations, elle s'élevait fortement contre la paresse et la négligence à s'instruire.

L'intelligence naturelle dont elle était douée et l'habitude de la vie avaient développé en elle un jugement très sûr et très précis. Les personnes du monde, encouragées d'ailleurs par sa bonté, recouraient à elle avec confiance, et volontiers lui demandaient conseil dans des circonstances graves. Sous ce rapport, elle était très estimée dans la communauté, et plusieurs fois, on la fit venir à Nevers avec les supérieures réputées les plus sages, pour avoir leur avis sur des choses de la plus haute importance.

Sa conversation, parfois naïve, était toujours sérieuse et marquée au coin d'une certaine originalité.

Elle avait une rare aptitude pour lire sur la physionomie humaine et pénétrer les cœurs. Plusieurs, qui ne virent en elle qu'une pauvre petite religieuse très ordinaire, avaient été, eux, très justement appréciés. Ses observations, du reste, elle les gardait pour elle-même, à moins qu'elles ne fussent à l'honneur de la personne. On ne se souvient pas de lui avoir entendu émettre une parole de moquerie, un jugement défavorable sur qui que ce fût.

Voici un trait, entre plusieurs, qui nous prouvera sa rare perspicacité. Un soir d'hiver, il faisait grand froid, et la neige tombait en abondance. Depuis longtemps déjà la communauté dormait. Seules, mère Antoinette et quelques sœurs veillaient pour achever un ouvrage pressé. Soudain, un violent coup de sonnette retentit. « Il est bien tard, dit la charitable mère, ce ne peut être que quelque malheureux; allons ouvrir! » Toutes se dirigèrent vers la porte, et virent entrer une pauvre fille vêtue de haillons, transie de froid et couverte de neige. « Ah! ma mère, s'écria-t-elle, ayez pitié de moi! je suis sans asile, sans pain ; je vais mourir si vous ne me recueillez! Je viens de voir M. Monnot qui m'envoie auprès de vous et vous prie de me recevoir. » Mère Antoinette regarda fixement la mendiante; puis, lui mettant quelques sous dans la main : « Sortez, dit-elle, et faites attention à vous. » Grande fut la surprise des sœurs témoins de cette scène. Elles ne purent s'empêcher de dire à leur supérieure : « Comment, vous si bonne, avez-vous pu renvoyer cette malheureuse par un temps pareil ? » Mère Antoinette ne répondait point ; et, comme elles insistaient : « Je vous dis que c'est une mauvaise personne, et qu'il n'y a pas un mot de vrai dans tout ce qu'elle nous a raconté. » Le lendemain, on apprenait que cette fille, accueillie dans une maison voisine, s'était sauvée emportant tout ce qu'elle avait pu saisir.

Nous achèverons ce portrait, en accentuant davantage encore une ligne qui donnait à mère Antoinette sa physionomie caractéristique : elle était d'une droiture et d'une franchise parfaites, ayant horreur de la dissimulation, humble sans timidité, parlant aussi facilement aux grands du monde qu'à ses petites enfants des classes. N'eût été son immense confiance en Dieu, on aurait pu souvent la taxer de témérité. Il y avait une volonté de fer dans ce corps débile et maladif ; rien ne l'arrêtait quand il s'agissait de la gloire de Dieu.

Ainsi qu'une greffe réussit plus ou moins selon la nature du sujet sur lequel on l'applique, certaines natures humaines s'adaptent plus facilement que d'autres aux vertus surnaturelles et chrétiennes. D'après tout ce que nous avons dit, il est aisé de comprendre que mère Antoinette eut beaucoup à combattre. Trop facilement, dans la vie des saints, on admire les vertus sans songer aux efforts immenses qu'elles ont coûtés, sans considérer qu'elles sont le résultat de longs et pénibles travaux. Nous, en effet, pauvres mortels, nous ne voyons que ce qui paraît extérieurement; Dieu lit à l'intérieur, et juge d'après ce qu'il y voit.

Il a jugé notre chère mère..... Vous, ses sœurs, ses enfants, ses orphelines bien-aimées, ne cessez point de prier pour son âme; il faut une si grande pureté pour être admis devant Dieu ! Mais tout en priant dans le but d'obtenir la rémission des imperfections et des fautes que le Seigneur a vues, qu'il nous soit permis de nous édifier des vertus que tant de contemporains ont admirées en mère Antoinette, et dont ils conservent un vivant souvenir.

La vertu principale de cette véritable épouse de Jésus-Christ, celle dont tous ceux qui l'ont connue rendent témoignage, était assurément l'humilité. L'humilité en effet est la base, le principe, le fondement de toute perfection chrétienne. Vous méditez, dit saint Augustin, d'élever un édifice de perfection, commencez par creuser les fondations de l'humilité; et plus ces fondations seront profondes, plus vous pourrez porter haut le faîte de votre édifice.

L'humilité de mère Antoinette apparut d'une manière éclatante dans tous ses rapports avec la communauté de Nevers, au point que nous entendrons plus tard les vénérables supérieures dire en la désignant aux jeunes sœurs : « Voyez cette ancienne, c'est en personne l'humilité religieuse ! » L'autorité était pour elle quelque chose de sacré. Jamais elle ne se serait permis de juger, à plus forte raison de critiquer une parole des supérieurs. Quand elle recevait quelque lettre de Nevers, elle se mettait à genoux pour la décacheter et pour la lire.

A Chalon, elle considéra toujours la mère de la Charité comme sa supérieure immédiate. Aussi avait-elle coutume de la visiter souvent, de lui demander ses avis et ses conseils, de lui témoigner en toute occasion beaucoup de déférence.

A la maison, elle se croyait très sincèrement la dernière de toutes pour le talent et pour la vertu. « Vraiment, disait-elle souvent, quand je considère ce que je suis, combien ignorante, combien misérable; quand je pense qu'avec tout cela je suis supérieure, je rougis et je voudrais me cacher! » Rien ne lui était plus agréable que si on ne faisait pas attention à elle. Par exemple, lorsque, à la récréation du soir, de jeunes sœurs gaies et vives, pour se détendre des longues heures de classes, causaient et riaient sans lui laisser le temps de dire un mot, elle se tenait tranquille dans son coin et paraissait tout heureuse d'être oubliée. Ou bien quand un visiteur la voyait épluchant les légumes, ce qui était son occupation favorite, et ne la reconnaissait point : « Voilà, disait-elle, qui est bien! je devrais être l'éplucheuse et non pas la supérieure de la maison. » Convaincue que, loin d'être utile à l'asile, elle était au contraire un obstacle à sa prospérité, elle demanda très souvent à Nevers qu'on la délivrât de ce titre de supérieure si lourd pour son humilité. Quelques mois avant sa mort, elle renouvela cette demande avec de grandes instances, disant que si on n'avait que faire d'elle à Nevers, on la garderait bien à l'Asile de Marie par charité, et qu'elle promettait d'être très obéissante à la nouvelle supérieure. Il lui fut répondu qu'on y aviserait; et certainement elle mourut avec le regret de ne pas avoir été déposée.

Une de ses maximes favorites était celle-ci : « Nous voulons être humbles, recherchons les humiliations ! » Ce qu'elle disait, elle le faisait avec empressement. Si par une parole un peu vive elle croyait avoir contristé quelqu'une de ses sœurs, ah ! elle n'hésitait pas à s'humilier devant elle, à lui demander pardon. Combien de jeunes sœurs furent émues jusqu'aux larmes en entendant cette vénérable fondatrice leur dire : « Ma sœur, je vous ai fait de la peine; j'ai mauvais caractère : excusez-moi ! » Par contre, si quelqu'un semblait vouloir la flatter, faire ressortir ses mérites ou vanter ses œuvres : « Que dites-vous? s'écriait-elle vivement; je n'ai rien fait, et c'est Dieu seul qu'il faut féliciter ! »

La simple idée de l'orgueil la faisait tressaillir. Car, au fond, l'orgueil fut la tentation de toute sa vie. C'est par là que le démon la saisit, la tourmenta au point de la plonger dans les prostrations terribles dont nous avons parlé, et qui se renouvelèrent souvent. Modèle d'humilité, elle s'accusait sans cesse d'être une orgueilleuse. Saintes illusions que Dieu permet! Bienheureuses tentations qui ajoutent au mérite de la vertu elle-même le mérite d'avoir combattu le vice contraire!

---

Autant les âmes humbles se défient d'elles-mêmes, autant elles sont pleines de foi et de confiance en Dieu. La foi de mère Antoinette était d'une vivacité extrême : on eût dit qu'elle voyait, et que les ombres des mystères s'effaçaient devant cette âme droite et candide. « Dieu veille sur nous, répétait-elle souvent; oh! que nous sommes heureuses d'être les enfants d'un si bon Père. » Et, vraiment, elle se plaçait elle-même entre les bras de Dieu comme un enfant entre les bras de son père.

« J'ai la douce confiance que tout ira bien! » Voilà ce qu'elle répondait à ceux qui, dans les débuts, lui faisaient entrevoir les difficultés de son œuvre. Et, dans un moment où elle était accablée de dettes, une sœur lui ayant demandé comment elle pouvait dormir tranquille : « Oh! dit-elle, je dors très paisiblement, parce que je sais que le bon Dieu veut cette œuvre et qu'il me viendra en aide. »

Néanmoins sa confiance n'était pas oisive ; elle faisait elle-même tout son possible pour réussir dans ses entreprises. Et quand elle avait reconnu l'inutilité de tous efforts humains, alors elle se mettait à prier avec ferveur et sans interruption. Un jour, il lui fallait absolument, pour le lendemain, une somme de deux mille francs. Déjà, elle avait inutilement frappé à toutes les portes : « Prions, mes sœurs, dit-elle. » Libre à peu près de cette journée, elle la passa tout entière à la chapelle dans une ardente prière. Pendant ce temps, une des personnes qui lui avaient opposé un refus formel réfléchissait..... et, le soir, apportait elle-même dans son tablier une charge énorme de pièces de cinq francs, la valeur de deux mille francs.

Dans ses entretiens familiers au sein de la communauté, mère Antoinette aimait à s'étendre sur ce détachement absolu de soi-même et cette entière confiance en Dieu. « Oh! mes sœurs, que je suis contente quand je vous vois bien modestes et bien humbles, uniquement préoccupées du regard du bon Dieu. C'est pour Lui qu'il faut agir en tout, et ne rien faire par amour-propre. Plus nous ferons abnégation de nous-mêmes et plus nous serons grandes devant Lui. Humilions-nous ! humilions-nous en esprit, couchons-nous à terre comme Notre-Seigneur au jardin des Olives. Pour ma part, je sens bien que si je comptais une seule minute sur moi, notre maison tomberait ! »

Un cœur capable d'émettre de telles paroles devait être tout plein d'amour de Dieu. Voici un mot charmant de naïveté qui nous révèlera les sentiments les plus intimes de son âme : « Chère mère, lui demandait-on un jour, pendant vos longues insomnies, à quoi pouvez-vous penser ? » — « Mais, répondit-elle simplement, quand on ne dort pas, peut-on avoir une autre pensée que celle de Dieu ? » Le souvenir de Dieu était donc toujours présent à son esprit. On le voyait au recueillement profond dont elle ne sortait jamais, surtout pendant ses dernières années. Souvent aussi on l'entendait, tandis qu'elle se croyait seule, parler à Dieu et lui dire avec grande ferveur : « O mon Dieu, je vous aime ! Vous savez bien que je vous ai toujours et uniquement aimé ! »

Cependant, mère Antoinette ne connut pour ainsi dire pas ce qu'on est convenu de nommer les consolations sensibles de la dévotion. Elle l'avouait en toute simplicité : « Dieu ne m'a jamais gâtée. Une fois seulement j'ai éprouvé une vive impression, et j'en fus tellement surprise que je m'écriai : Non, mon Dieu, cela n'est pas pour moi ! »

Souvent même, il plut à Dieu de la faire passer par des voies très arides, très épineuses, des inquiétudes, des scrupules, des tourments de conscience inexprimables. Ce fut surtout durant ses longues maladies où elle se sentait comme anéantie sous le poids de la souffrance physique et de la douleur morale. « Ah ! que j'ai souffert, disait-elle un jour, que j'ai souffert pendant cette maladie ! et ma plus grande peine était de ne pouvoir trouver le bon Dieu..... Maintenant qu'il est revenu à moi, je vais mieux; je suis heureuse; je me sens guérie ! » Qu'on ne croie pas, en effet, que le cœur des saints soit comme ces lacs toujours paisibles, aux bords toujours riants et fleuris. Au contraire, c'est à la mer de Génésareth souvent bouleversée par de furieuses tempêtes qu'il les faudrait comparer.

L'ennemi de tout bien, le démon auquel, hélas! on ne croit presque plus de nos jours et dont on rit en prononçant le nom, le démon fit à mère Antoinette une guerre acharnée. Nous passerons sous silence certains faits analogues à ceux dont il est parlé dans la vie du vénérable curé d'Ars. Disons seulement que maintes fois on entendit dans sa chambre des bruits étranges, surtout le soir d'une journée où, à force de supplications et de promesses, elle était parvenue à arracher au vice une malheureuse jeune fille. Quand on essayait de lui parler de cela, elle se contentait de sourire et de répondre : « Oh! je sais bien ce que c'est! »

Par rapport aux souffrances, elle était d'avis qu'il ne fallait ni les rechercher ni les désirer, mais s'en remettre entièrement à Dieu qui sait mieux que nous ce qu'il nous faut et ce dont nous sommes capables. Elle-même eut beaucoup à souffrir, et on ne l'entendit que très rarement se plaindre. Elle l'avouait en toute franchise : « Quand les peines sont personnelles, je ne souffre pas; mais quand elles se rapportent plus ou moins à la communauté, oh! quelle torture! »

Néanmoins, bien convaincue que le chrétien et à plus forte raison le religieux ne doivent pas être des membres délicats sous un Chef couronné d'épines, elle pratiquait la mortification continuellement et avec austérité. Elle portait un cilice et se donnait fréquemment la discipline. On l'entendait frapper, frapper en poussant des gémissements : *miserere mei, Deus!* Et comme ses sœurs attendries se permettaient quelquefois de lui dire : « Ma chère mère, vous frappez trop longtemps et trop fort! » — « Ce n'est rien, répondait-elle, la peau se durcit; on finit par ne plus s'en apercevoir. » Assise ou agenouillée, jamais on ne la vit s'appuyer, et cependant sa faiblesse était bien grande. Jusqu'à la fin de sa vie, elle éprouva comme de grandes délices à soigner des plaies repoussantes, à peigner des têtes horribles d'enfants et de mendiants; mais nous savons quelles violences elle eut à se faire pour en arriver là.

Pour les repas, elle avait coutume de dire à ses sœurs : « Il faut vous nourrir comme des servantes qui travaillent bien. Vous serez bien avancées si, en voulant vous mortifier, vous vous rendez incapables de faire la classe! » Elle-même mangeait très peu, sans jamais s'apercevoir si ce qu'on servait était bien ou mal apprêté. Un jour, elle trouva dans son assiette un paquet d'étoupes. Le premier mouvement fut de le mettre de côté pour faire ensuite à la cuisinière des observations bien méritées. Mais le second mouvement fut d'essayer de l'avaler. Malheureusement, les étoupes ne voulurent pas passer. Tout le monde rit, et mère Antoinette, confuse, prit aussi le parti de rire. Le médecin lui avait recommandé un peu de café, chaque jour, comme tonique et excitant : « Mon Dieu, disait-elle, je prends du café, moi qui ne fais rien ; et ces pauvres sœurs qui travaillent toute la journée n'en prennent pas. Que j'ai honte ! » — « Soyez sans crainte, ma chère mère, répondaient les sœurs, nous vous connaissons bien. » — « Oh ! mes enfants, si vous me connaissiez bien, comme vous prieriez pour moi !... »

Mère Antoinette, simple et droite en toutes choses, avait horreur des exagérations de piété. Elle n'aimait point ces grandes démonstrations qui, le plus souvent, ne sont inspirées que par l'amour-propre. Elle ne voulait pas non plus qu'on se surchargeât de toutes espèces de pratiques de dévotion : « Faisons bien ce que notre règlement nous ordonne, cela suffit. Nous sommes des sœurs de charité, nous ne sommes pas des carmélites ni des visitandines. » On a pu dire d'elle qu'elle priait toute la journée, parce que son cœur était toujours uni à Dieu. Dès qu'elle pouvait disposer d'un instant, elle se mettait à genoux, et ouvrait un livre de prières. Mais jamais, quand on venait l'interrompre, ce qui arrivait à toute minute, elle ne manifestait la moindre impatience ni le plus petit ennui ; elle répondait toujours souriante et aimable.

L'Imitation de Jésus-Christ était son livre de prédilection. « Jamais je n'y ai jeté les yeux, ne fût-ce qu'un instant, disait-elle, sans trouver quelque chose qui me convînt admirablement. » Presque toujours ce livre était ouvert sur son prie-Dieu, au chapitre de la pureté d'intention.[1]

Elle avait l'habitude de réciter ses prières vocales très lentement, savourant pour ainsi dire

---

1. Liv. II. Chap. IV.

chacune des paroles qu'elle prononçait. Pendant le saint sacrifice de la messe, on voyait, à son recueillement extérieur, de quels sentiments elle était pénétrée intérieurement. « Quand je pense répétait-elle souvent, que le bon Dieu descend sur l'autel par obéissance, et qu'il obéit à un homme, oh ! quelle leçon pour nous ! »

Ses confessions l'inquiétaient pour ce motif qu'elle ne trouvait rien à dire. « Est-il possible de si peu se connaître soi-même ! Je suis remplie de défauts, et quand je m'examine, je ne distingue rien ! » La sainte communion fut toujours sa grande joie, sa consolation. Mais elle s'y préparait beaucoup ; peut-être même y avait-il chez elle, sous ce rapport, un peu de rigorisme. « Je crains, avait-elle coutume de dire, je crains énormément que, dans la maison, on ne se prépare pas assez à la sainte communion. Ces enfants sont tellement étourdies et légères ! » Elle passa, maintes fois, les nuits qui précédèrent ses communions à répéter : « Mon Dieu, je ne suis pas digne, je ne suis pas digne, retirez-vous !..... » Heureusement elle était obéissante. Le règlement lui prescrivait de communier, elle s'y conformait simplement. Sans cette obéissance, la crainte exagérée de mal faire ses communions eût été pour elle un grave écueil. Elle dit un jour à une sœur en qui elle avait toute confiance : « J'ai eu de très grands scrupules relativement à la sainte communion. Mais, par la grâce de Dieu, je les ai toujours surmontés. Je ne crois pas avoir manqué par ma faute aucune communion de règle. Une seule fois, cependant, les anxiétés furent si grandes, qu'au moment de la communion je n'eus pas la force de m'approcher de la table sainte. Mais ensuite, je reconnus que j'avais mal fait, et après la messe je priai M. l'aumônier de bien vouloir me communier. » Dès que Jésus était venu prendre possession de son cœur, toute anxiété disparaissait immédiatement, et on l'entendait soupirer : « Jésus ! mon cher ami ! »

Elle aimait la lecture spirituelle, l'écoutait attentivement, l'interrompait parfois pour faire remarquer aux sœurs certaines pensées, certaines manières d'agir des saints. Parfois aussi, le sommeil la gagnait. Alors elle se levait brusquement, prenait son ouvrage, se mettait à tricoter tout en écoutant. Cela allait bien quelques instants ; puis les doigts s'arrêtaient et le mouvement affirmatif de la tête s'accentuait fortement. La pauvre mère se remuait sur sa chaise, se pinçait : « Oh! mes sœurs, que j'ai honte, que j'ai honte! »

Nous pourrions dire bien des choses encore, car les sœurs et les anciennes élèves de l'Asile de Marie ne tarissent pas sur le compte des vertus de leur sainte mère. Mais il nous faut parler de sa vertu, pour ainsi dire professionnelle, de sa charité envers le prochain. Elle était sœur de charité avant tout, dévouée à toutes les misères humaines, principalement aux misères morales et intellectuelles de l'enfance. Aussi, nous l'avons reconnu, sa piété était plutôt celle de Marthe que celle de Marie. Toutefois, par une heureuse union des deux vies contemplative et active, elle se sanctifiait elle-même, elle édifiait les autres, elle attirait sur ses œuvres les plus abondantes bénédictions de Dieu.

Dans la charité, plus encore que dans toute autre vertu, il est facile de reconnaître le côté négatif et le côté positif : ne rien faire, ne rien dire contre qui que ce soit; faire, souhaiter à tous tout le bien possible.

Sous le premier rapport, mère Antoinette ne se permit jamais aucune parole de médisance, de moquerie, de critique; elle n'aimait pas que, devant elle, on parlât en mal de personne, et, dans de telles circonstances, elle protestait par un silence absolu. Rien ne lui était plus douloureux que de voir la mésintelligence s'élever parmi ceux de sa communauté, et elle n'avait pas de cesse qu'elle n'eût ramené la paix et l'harmonie.

Quant à son ardeur pour le bien du prochain, on peut dire qu'elle fut de toute sa vie; qu'elle ne calculait jamais; qu'elle ne connaissait pas d'obstacle; qu'elle ne se rebutait devant rien, si ce n'est devant le mensonge et l'hypocrisie. Ce n'était pas la vaine philanthropie tant prônée de nos jours. C'était la charité, la vraie charité qui voit Dieu, qui voit l'âme immortelle, qui voit dans les pauvres, dans les malades, dans les enfants, des membres délaissés, souffrants, infirmes de Notre-Seigneur Jésus-Christ.

Au chapitre suivant, en nous entretenant des qualités de mère Antoinette comme supérieure, nous parlerons de sa charité et de son zèle au sein de sa communauté. Pour le moment, citons quelques traits de son empressement et de sa générosité envers toutes les souffrances humaines.

D'abord, on peut émettre, en principe général, que jamais elle ne refusa la charité à personne. Quand ses sœurs venaient la consulter sur ce sujet, elle ne savait que répondre : « Donnez, donnez ! » Un jour, la bourse de la maison ne contenait qu'une pièce de dix francs, et il y avait à la porte une personne qui demandait avec instance. « Savez-vous ce que nous allons faire ? dit mère Antoinette à la sœur qui l'assistait; nous partagerons : donnez cinq francs à cette brave femme, et Dieu aura pitié de nous! » Souvent même, la bourse était complètement vide. Alors quand quelque pauvre se présentait : « Attendez un peu », disait-elle. Vite, elle s'en allait quêter dans des maisons amies, et au retour remettait entre les mains du mendiant ce qu'on lui avait donné.

Pendant un hiver rigoureux, les sœurs étaient tout heureuses un matin de lui avoir fait prendre un vêtement bien chaud. Mais à peine l'avait-elle depuis trois ou quatre heures, qu'une mendiante arrive grelottant sous une pauvre robe d'indienne toute déchirée. Mère Antoinette n'hésite pas une minute, ôte son vêtement, et le lui met elle-même.

Dans ses courses journalières à travers la ville, lui arrivait-il de rencontrer quelque malade, elle s'en occupait de suite avec sollicitude, intéressait en sa faveur des personnes charitables, et veillait à ce qu'il ne manquât de rien. Le plus souvent elle prenait le malade à son bras, et clopin-clopant on s'en allait à l'Hôtel-Dieu. Là, elle savait si bien plaider la cause de son protégé, qu'il était toujours admis. « Tout cela est très bien, disait mère Sancy, la vénérable maîtresse de l'hôpital; mais cette mère Antoinette serait capable un beau jour de nous amener tous les malades de Chalon. »

A chaque instant, de pauvres filles de passage, des domestiques venaient se recommander à elle. Hélas! plusieurs étaient dans un bien triste état! Cependant elle les accueillait toujours avec bonté, à moins qu'elles ne cherchassent à la tromper, ce qu'elle ne pouvait supporter. Elle leur donnait quelques petits secours, les exhortait au bien, souvent même cherchait à les placer dans d'honnêtes maisons. Plusieurs déjà bien enfoncées dans le vice lui ont dû une entière conversion. Qu'il y en a en effet de ces pauvres filles auxquelles il n'a manqué qu'un appui, un encouragement, un conseil! Mère Antoinette le savait trop bien pour leur jeter la pierre. Aussi était-elle prête à leur tout pardonner, hormis la duplicité.

Dans une humble maison de la rue Fructidor, vivait une famille dont le père était ouvrier à l'usine dite du Petit-Creusot. Un jour que, selon l'habitude, sa femme lui avait porté la soupe de midi, ils furent surpris ramassant des rognures de fer. Le vol en lui-même était peu considérable; mais défense expresse avait été faite d'enlever ces rognures. L'homme et la femme furent donc conduits en prison.

Voici que, vers cinq heures, les enfants, une petite fille de neuf ans, et deux petits garçons de cinq et six ans, revenant de classe, trouvent la porte de leur demeure fermée. Ils frappent, ils appellent, mais en vain; et tous trois, au milieu de la rue, pleuraient à chaudes larmes. « Venez, mes petits, dit la mère Antoinette attirée par ces sanglots, ne pleurez plus, votre maman reviendra. » Et elle les conduisit à l'asile. Mais que faire des deux petits garçons ? On leur dressa un lit au parloir, et la bonne mère ne les quitta que quand ils furent bien endormis.

Le lendemain et pendant plusieurs jours, on la vit donnant la main à ces deux pauvres petits et allant du commissariat de police à la gendarmerie, à la prison, à la mairie, à la Charité où elle demandait leur admission. Car on avait reconnu que les parents étaient trop pauvres pour les élever; que s'ils s'étaient laissés aller au vol, c'est qu'ils étaient poussés par une bien dure nécessité. Bref, mère Antoinette fit tant et si bien, que M. le maire finit par lui dire : « Chère mère, vous nous confondez par votre charité; il n'y a pas moyen de vous refuser. Les deux petits entreront à l'hospice comme surnuméraires. » Quant à la petite fille elle devint une des meilleures élèves de l'Asile de Marie.

Une autre fois, une malheureuse veuve du voisinage mourut laissant quatre orphelins. Personne ne la connaissait, et derrière le pauvre cercueil il n'y eut que mère Antoinette, conduisant les petits et pleurant avec eux. Les trois filles furent admises à l'asile. Le garçon, âgé d'environ douze ans, coucha dans une petite alcôve attenante au parloir, jusqu'au moment où on trouva une famille à la campagne qui le reçut et lui apprit à travailler. En 1871, étant soldat, il vint rendre visite à ses bienfaitrices. Soyez tranquilles, disait-il, on ne vous fera pas de mal tant qu'il me restera une goutte de sang. Je n'oublierai jamais que vous nous avez recueillis, mes sœurs et moi, quand tout le monde nous repoussait.

Voilà quelques traits de la grande charité de mère Antoinette. Nous pourrions en citer bien d'autres. Ceux-là suffisent, nous semble-t-il, pour que tous ceux qui nous liront rendent hommage à sa mémoire. Le cœur de l'homme est ainsi fait : on passe devant bien d'autres vertus ; mais, devant la charité, on s'arrête et on s'incline !

## CHAPITRE VI.

### MÈRE ANTOINETTE, SUPÉRIEURE DE L'ASILE DE MARIE.

Administration temporelle. — L'ouvroir et les classes. — La communauté.

Toute pénétrée de cette humilité qui conduit facilement à une pieuse exagération de sa propre faiblesse, et à un mépris souverain des honneurs et des distinctions, mère Antoinette ne put jamais se faire à l'idée qu'elle était supérieure. La seule pensée que peut-être avait-elle fait quelque chose pour briguer cette dignité suffisait pour la plonger dans un trouble et dans des scrupules inexprimables. « Quand je me considère, disait-elle souvent, quand je considère celles qui sont avec moi et que je les entends m'appeler leur supérieure, leur mère, oh! alors, la confusion me ferait rentrer sous terre ! » Cependant, d'après tous ceux qui l'ont intimement connue, et au jugement des supérieurs de Nevers, la fondatrice de l'Asile de Marie possédait éminemment les trois qualités d'une vraie supérieure : un dévouement sans mesure ; une grande bonté qui n'excluait pas une sage sévérité ; l'esprit d'ordre et de règle en toutes choses. Essayons de la montrer dans le gouvernement temporel et spirituel de sa maison. Rien ne doit échapper à une supérieure vigilante ; même on pourrait lui appliquer la parole prononcée sur Dieu dans le gouvernement du monde : *Deus in minimis maximus*. Souvent dans de très petites choses, une supérieure peut se montrer très grande.

Au point de vue temporel, tout se réduisait à trouver de l'argent et à le bien employer. Mère Antoinette, avec son apparente simplicité, fut une trouveuse d'argent émérite. Et jamais elle ne se laissa dominer par la préoccupation pécuniaire, à l'encontre de tant de fondateurs d'œuvres qui finissent par concentrer là toutes leurs énergies, toute leur intelligence. Elle avait coutume de dire au milieu des plus grands embarras : « Si Dieu veut notre œuvre, ce dont nous ne pouvons douter, il viendra sûrement à notre secours. »

On a pu voir dans le cours de notre récit que plusieurs ruisseaux amenaient, comme on dit, l'eau au moulin de mère Antoinette : les quêtes, les dons spontanés de personnes charitables, le travail des enfants, les classes payantes ; enfin, dans les circonstances critiques, une véritable mise en demeure à la Providence d'avoir à se montrer.

Quêter, fut une des principales occupations de la vie de notre chère mère. Tâche difficile et ennuyeuse dont elle s'acquittait avec tant de bonne humeur qu'on ne pouvait réellement savoir si elle y trouvait de la peine ou du plaisir. D'ailleurs, grâce à la considération dont elle jouissait et à la bonté de la cause dont elle plaidait les intérêts, elle était toujours reçue, sinon généreusement, du moins très poliment. Si on se permettait quelques objections à ses entreprises, ou même quelques observations quand elle revenait trop souvent, c'était toujours dans les termes les plus modérés et les plus respectueux. Jamais elle ne fut congédiée brusquement, ni avec des expressions blessantes. Toutefois elle ne se dissimulait point que souvent elle était importune. Elle le disait en riant : « On me fait bonne figure par devant, mais je n'ai pas plutôt tourné les talons que l'on s'écrie : qu'elle est insupportable, cette mère Antoinette ! »

Le plus souvent, elle se faisait accompagner d'une sœur à laquelle elle disait : « Vous ne resterez pas muette ; quand j'aurai parlé, vous appuierez ma demande. » On faisait une petite visite à la chapelle, avant de partir ; on invoquait l'Esprit-Saint, puis des journées entières se passaient à aller de maison en maison.

Mère Antoinette avait souvent des expressions tellement énergiques pour exposer ses demandes, qu'il était impossible de lui résister, surtout dans les débuts de l'œuvre, où chaque jour la tenait incertaine du pain du lendemain. La dernière quête qu'elle fit, pour la construction de la chapelle, fut une espèce de triomphe. On eût dit que chacun était heureux de couronner cette belle vie en couronnant l'œuvre qui en avait été la constante préoccupation. Soyez heureux, ne regrettez rien, vous tous qui avez donné pour l'Asile de Marie, pour les orphelines, pour son gracieux sanctuaire. Dieu vous a vus, Dieu vous récompensera !

Bien des fois, déjà, nous avons pu admirer comment des personnes pieuses se sentaient tout à coup inspirées de faire à l'Asile de Marie des offrandes souvent considérables. Mère Antoinette avait même un certain nombre de bonnes âmes qui lui payaient ce qu'elle appelait « ses rentes ». Nous pourrions en citer plusieurs vivant encore en ce monde. Nous ne nommerons que le vénérable curé de Saint-Pierre, M. Compain [1], qui, du reste, a déjà reçu sa récompense. « Mère Antoinette et moi, disait cet excellent prêtre, dont la bonhomie était devenue proverbiale, nous sommes une paire d'amis. C'est étonnant comme nous nous comprenons bien. Il y a si longtemps que nous nous connaissons ! » Pendant ses dernières années, il venait régulièrement tous les mois faire sa petite visite à l'Asile de Marie. La conversation ne variait guère, car le digne homme commençait à répéter souvent les mêmes choses. Et, avant de se retirer, il disait inévitablement : « Allons, ma bonne mère, nous sommes bien vieux tous les deux, nous pouvons nous donner une poignée de

---

1. M. Compain, né en 1797 et mort en 1881, fut curé de Saint-Pierre de Chalon pendant près de cinquante ans.

main, personne n'y verra de mal ! » Et en retirant sa main, il laissait toujours dans celle de mère Antoinette quelque généreuse aumône.

Une véritable calamité pour un ouvroir de jeunes filles, c'est assurément le manque de travail. Pas de travail, pas d'argent. Puis, comment occuper les longues journées ? On fera raccommoder le linge de la maison : affaire de peu de temps ; et ensuite, que devenir ? Les petites économies passeront vite ; on contractera des dettes ; et, pire que tout cela, les misères que l'oisiveté engendre règneront bientôt dans la communauté. C'est pourquoi mère Antoinette ne pouvait sans frémir penser au manque de travail. C'était là son continuel souci ; et, dans ses quêtes, plus heureuse était-elle de recevoir des commandes d'ouvrage que de l'argent de main à main. Nous avons vu avec quelle ardeur, tous les jours, elle faisait prier dans ce but, s'adressant à saint Joseph, patron des travailleurs. Grâce à ses prières sans doute et à la continuelle sollicitude de la vaillante mère, l'ouvrage ne manqua que rarement, même dans les temps les plus difficiles. Bons lecteurs, qui vous intéressez à l'Asile de Marie, permettez-nous de vous suggérer un vœu en sa faveur : que les orphelines aient toujours du travail en abondance !

Mère Antoinette avait adjoint à son ouvroir des classes gratuites, puis plusieurs classes payantes assurant un bon revenu ; car, se disait-elle, les aumônes peuvent cesser, et le travail des orphelines ne suffirait pas à nous faire vivre.

La confiance toujours croissante des familles, les succès obtenus chaque année aux examens des divers brevets de capacité, ont prouvé que ces classes étaient bien vues et bien tenues. Mais on remarqua très souvent que, laissant le soin des classes élevées à la directrice nommée à cet effet, la charitable supérieure s'occupait des plus humbles petites filles, des plus pauvres, des plus déchirées, avec une sollicitude et une tendresse particulières. Elle avait essentiellement ce qu'on nous permettra d'appeler la passion du pauvre. Et en ouvrant, dans sa maison, des classes aux enfants riches, son but était, plus encore qu'un réel profit pour ses pauvres, de rapprocher la richesse de la pauvreté, pour inoculer dans les cœurs les nobles sentiments de la pitié, de la charité, de la générosité.

Enfin, dans des circonstances difficiles, à bout

de ressources, ne sachant plus à qui s'adresser, mère Antoinette s'enhardit quelquefois à faire au ciel de saintes violences de supplications et de prières, et le ciel sembla écouter sa voix. Nous avons déjà cité, sous toutes réserves, plusieurs faits au moins étonnants. En voici un encore que nous ne pouvons passer sous silence, dont nous garantissons l'authenticité.

C'était le 18 mars 18... A peine remise de sa grande maladie de cette année, mère Antoinette était encore au lit. La sœur administrant la communauté vint le matin la trouver et lui dire : « Ma chère mère, j'ai à payer demain une traite de quatre cent cinquante francs et vous savez que pour le moment nous sommes sans ressources. Que faut-il faire? » — « Eh bien, mon enfant, répondit mère Antoinette, je vais y réfléchir et prier; allez faire votre classe, vous reviendrez dans une heure. » La sœur revint au bout d'une heure. Sa supérieure était tout heureuse, toute rayonnante. « Mon enfant, dit-elle, soyez parfaitement tranquille, avant ce soir, vous aurez ce qu'il vous faut. Allez seulement à la chapelle, et, au nom de toute la communauté, faites une petite prière à saint Joseph dont c'est demain la fête. »

L'ordre fut fidèlement exécuté. Vers le soir, la sœur était tranquillement au milieu de ses élèves, quand on vint l'avertir qu'un monsieur la demandait au parloir; il était pressé et n'avait qu'un mot à dire. D'un geste, elle fait signe aux écolières d'être sages, et court au parloir. Là, un homme de grande distinction et très bien mis lui tend un papier plié, en lui disant sur le ton d'un sensible intérêt : « Ma sœur, je connais la pénurie dans laquelle vous vous trouvez. Voilà ce qu'il vous faut... Seulement, vous ferez une neuvaine à saint Joseph et vous continuerez de le bien faire aimer. » A peine la pauvre sœur ébahie avait-elle pu répondre une parole, qu'il saluait profondément et s'en allait. Qui était cet homme? on ne l'avait jamais vu, on ne le revit jamais. Le papier plié était un billet de cinq cents francs.

Peut-être, à juger superficiellement, serait-on tenté de dire que, grâce à tous ces moyens, mère Antoinette dut réunir plus que le nécessaire, et laisser l'ouvroir avec des ressources assurées. Il importe de détruire ce préjugé, et de bien établir qu'à l'Asile de Marie il est indispensable de dire tous les matins : « Seigneur, donnez-nous aujourd'hui notre pain de chaque jour! »

Sans doute, mère Antoinette parvint à recueillir des sommes relativement considérables, mais elles passèrent tout entières dans l'achat du local, dans les constructions, dans les réparations et divers aménagements. Quiconque visitera l'Asile de Marie pourra se convaincre que l'on n'a rien absolument sacrifié au luxe : tout est très propre, mais très simple. Or, il ne suffit pas d'être logé, il faut vivre. Evidemment, le travail des orphelines est incapable à lui seul d'assurer les ressources nécessaires. Combien peu lucratif est le travail à l'aiguille! puis, parmi les pensionnaires de l'ouvroir, que de petites filles qui ne peuvent rien gagner encore et qui n'en ont pas moins très bon appétit! De plus, mère Antoinette a voulu, et personne assurément ne l'en blâmera, que sa maison fût tout à la fois un atelier et une classe; qu'il en sortît des jeunes filles instruites, sachant lire et écrire aussi bien que travailler. Dès lors, beaucoup de temps pendant lequel on ne gagne rien, temps bien employé néanmoins. Un ouvroir dans lequel des jeunes filles de douze à vingt ans ne feraient que pousser l'aiguille pendant douze ou quatorze heures, serait une institution blâmable, ruineuse pour la santé, pour le cœur, pour l'intelligence. Mère Antoinette se reprocha souvent d'avoir donné trop de temps au travail manuel dans les débuts de son œuvre. On peut voir à la lecture du règlement[1], si longtemps

---

[1] RÈGLEMENT DE L'OUVROIR DE L'ASILE DE MARIE
EMPLOI DE LA JOURNÉE :

5 heures et quart. Lever.
6 heures. Prière.
6 heures et quart. Leçon d'écriture.
7 heures. Messe.
7 heures et demie. Déjeuner.
7 heures trois quarts. Soins du ménage.
8 heures. Leçon de chant.
De 8 heures et demie à onze heures et demie. Travail.
**Pendant le travail :**
9 hres. Chant du *Veni Creator*.
10 heures. Petite récréation.
10 heures et demie. Lecture.
11 heures 20 minutes. Examen.
11 heures et demie. Dîner.
Midi. Récréation.

De 1 heure à 4 heures. Travail.
**Pendant le travail :**
2 heures. Lecture de l'*Imitation de Jésus-Christ*. Chapelet.
3 heures. Chant d'un cantique. Continuation de la lecture du matin.
4 hres. Goûter et récréation.
De 4 heures et demie à 7 heures. Travail.
**Pendant le travail :**
5 heures 3/4. Cantique.
6 heures. Lecture spirituelle.
7 heures. Souper. Récréation.
8 heures et demie. Prière. Coucher.

LECTURES. — CHAQUE SEMAINE.

Lundi. Grammaire.
Mardi. Histoire sainte.
Mercredi. Catéchisme de persévérance.

Jeudi. Histoires amusantes.
Vendredi. Histoire de France.
Samedi. Grammaire.
Dimanche. Leçon de civilité.

PROMENADES.

En hiver : deux par semaine, dimanche et jeudi.

En été : trois par semaine, mardi, jeudi et dimanche.

Tel est le règlement pour les grandes orphelines ; les plus petites assistent régulièrement aux classes, jusqu'à l'âge voulu par la loi, et au delà si c'est nécessaire.

médité, si soigneusement élaboré, quel sage tempérament elle apporta dans l'emploi de chaque journée. Et la journée ainsi occupée assure tout au plus le pain de la maison, rien que le pain.....! Il faut donc trouver ailleurs pour le reste de la nourriture, pour le vêtement, le chauffage, l'éclairage, les impôts et tant d'autres choses. Voilà pourquoi on établit un pensionnat, pourquoi on fut et on sera souvent encore obligé de faire appel à la générosité des bonnes âmes.

Nous avons été presque fier, pour notre chère mère, de retrouver toutes ces considérations dans l'*Ouvrière* [1], de M. Jules Simon, magnifique livre, plein d'une touchante éloquence, auquel manque malheureusement la note vraie, la note chrétienne. On croirait entendre mère Antoinette en lisant les lignes suivantes :

« Un travail d'aiguille est un amusement pendant une heure, c'est ce qui trompe beaucoup de femmes du monde ; s'il ne dure que deux ou trois heures, il est à peine une fatigue ; prolongé pendant treize ou quatorze heures avec une activité fiévreuse, repris chaque matin avant le jour, continué sans repos ni

---

1. *L'Ouvrière*. Métiers à l'aiguille, p. 249.

trêve dans le chagrin, dans la maladie, dans l'épuisement, il menace la vue et la poitrine; et quel sort fait-il à cette malheureuse femme éternellement clouée sur cette chaise, et poussant cette éternelle aiguille pendant des années et des années! Lui donne-t-il au moins du pain? Non... Ses journées les plus élevées vont à 2 francs pour 12 heures de travail, et, pour toucher ce maigre salaire, il faut être, sous tous les rapports, une ouvrière d'élite. Bien peu de femmes y parviennent. Il n'y en a pas une sur cent, en dehors des manufactures. La plupart s'exténuent pour gagner cinq centimes par heure de travail non interrompu. Ce n'est pas assez pour se couvrir et se nourrir. »

Nous n'entrerons pas dans les détails du ménage. Disons seulement que mère Antoinette était très exacte à se faire rendre compte de tout par la sœur économe; et qu'à chaque instant elle lui recommandait de bien nourrir ses orphelines. Ses orphelines lui tenaient tant à cœur qu'elle eût plutôt consenti à ce qu'on fît moins pour les sœurs que pour elles.

L'administration temporelle de mère Antoinette fut donc sage et prudente, autant que remplie d'abnégation et de dévouement. Il ne suffit pas de lancer sa barque en pleine mer; encore, faut-il la bien diriger et lui faire éviter les naufrages ! D'ailleurs, mère Antoinette n'était pas seule à conduire la barque de l'Asile de Marie. Au gouvernail, il y avait et il y a encore un bon pilote. Que Dieu l'y laisse longtemps ! [1]

Une ancienne élève de l'asile, aujourd'hui religieuse de Saint-Joseph, a bien voulu recueillir ses souvenirs et nous les communiquer. Impossible de peindre d'une manière plus expressive mère Antoinette au milieu de ses orphelines, de mieux faire ressortir sa grande bonté :

« J'aime bien toutes mes enfants, disait-elle un jour ; Dieu m'est témoin que je les porte toutes dans mon cœur : mais mes orphelines y occupent une place de prédilection, et, si je savais qu'elles manquassent du nécessaire, je préférerais vendre jusqu'à la dernière de mes chemises pour le leur procurer. »

[1]. M. l'abbé Monnot continue toujours à s'occuper de l'asile avec un dévouement admirable.

Un autre jour elle disait encore : « Ce matin, je n'ai pu déjeuner de bon cœur, car j'ai cru voir pendant la messe que quelque chose avait contrarié mes orphelines. » Cette bonne mère entrait dans les plus petits détails avec une simplicité charmante. Un jour d'hiver, qu'il faisait grand froid, elle rencontra dans les corridors une de ses enfants qui paraissait transie : « Pourquoi te laisses-tu ainsi engourdir, lui dit-elle; tu ne peux donc pas te remuer? Vois, moi qui suis vieille, quand je sens que le froid me saisit, je monte et descends plusieurs fois de suite mon escalier; cela me remue et me réchauffe. »

Dans les entretiens affectueux qu'elle avait souvent avec ses orphelines, elle cherchait surtout à leur faire aimer leur position et le travail qui plus tard devait être leur seule ressource : « Mes enfants, leur disait-elle, la pauvreté n'est pas un vice, mais la paresse en est un bien grand. Aimez le travail et la position dans laquelle Dieu vous a placées. Notre-Seigneur a aimé la pauvreté, puisqu'il est né dans une étable, et que souvent il a vécu du pain de l'aumône. Et moi, mes enfants, croyez-vous que mes parents étaient riches ? Non pas..... Mon pauvre père était un simple cultivateur, obligé de travailler beaucoup pour fournir aux besoins de sa famille. C'est par une bien grande miséricorde que Dieu a daigné me donner un petit coin dans sa maison ! »

A ces paroles, et surtout au souvenir filial que toutes les orphelines de l'ouvroir ont gardé d'elle, on comprend que la digne supérieure voulait être la mère de ces pauvres enfants. Son cœur si tendre et si bon était ému à la pensée que plusieurs d'entre elles n'avaient jamais entendu une parole d'affection, jamais reçu une caresse; que d'autres, déjà capables d'apprécier une telle perte, avaient vu mourir leur père et leur mère, et maintenant se sentaient seules sur la terre. Aussi, aimait-elle chacune de ses orphelines comme son enfant, et n'avait-elle pas de plus grand désir que de les amener toutes à considérer l'asile comme leur maison maternelle. « Oh! mes enfants, disait-elle souvent, si vous saviez comme je prie pour vous quand je suis devant Dieu, comme je serais heureuse si vous étiez laborieuses et sages! » Plusieurs fois, il lui arriva d'emmener dans sa chambre quelque enfant jusqu'alors incorrigible, de la supplier, de pleurer devant elle, de la convertir en un mot à force de tendresse. Dans leurs maladies, elle-même se faisait gardienne et les soignait avec une touchante sollicitude. Un jour, une vénérable dame de la ville vint la voir au sortir de l'une de ses grandes maladies; et, toute faible, toute défaillante qu'elle fût encore, on la trouva assise sur une pauvre petite chaise de paille; et une orpheline, quelque peu souffrante, était étendue dans son fauteuil.

Voilà la mère dans toute sa bonté, toute son abnégation, tout son dévouement. Qu'elle est belle la religion qui met ces sentiments au cœur de la sœur de charité, envers de pauvres filles orphelines ou délaissées! Et plus celle-ci aura en vue le bien moral, le salut éternel, l'âme de ses enfants adoptives, plus aussi elle aura envers elles ces sentiments de mère. Vous voulez vous assurer une âme, avant tout efforcez-vous de saisir le cœur. Mère Antoinette désirait ardemment conduire au bon Dieu les âmes de ses orphelines, voilà pourquoi elle était si tendre et si bonne. Et tout cela instinctivement, sans calcul, par l'impulsion de ce double amour qui n'en fait qu'un dans le cœur des saints : l'amour de Dieu, l'amour du prochain.

« J'ai l'intime conviction, avait-elle coutume de dire, que mes enfants, élevées dans une maison consacrée à la sainte Vierge, seront toutes du nombre des élus et iront toutes au ciel. » Plusieurs, hélas! au sortir de l'ouvroir se sont laissées entraîner aux séductions du monde. La bonne foi d'un cœur de jeune fille est si facilement trompée ! Puis, à vingt ou vingt-cinq ans, les passions ne sont pas éteintes ! Mais il reste toujours quelque chose d'une éducation sérieusement chrétienne : une étincelle qui jaillira au moment peut-être où l'on croyait tout perdu.

Surtout, et ce n'est pas le fait d'une conviction pieuse, mais bien celui d'une longue expérience, surtout une enfant de Marie ne peut pas périr. Dès que mère Antoinette apprenait qu'une de ses enfants entrait dans une mauvaise voie, comme le bon pasteur, elle se mettait à sa poursuite, et combien n'en a-t-elle pas ramenées au prix d'efforts et de fatigues immenses !

Une nuit, on vient l'appeler pour une ancienne élève des classes gratuites qui veut la voir avant de mourir. Mère Antoinette est malade ; une sœur, connaissant d'ailleurs très bien la jeune mourante, va sortir à sa place. Pauvre sœur ! que l'ange gardien veille sur vos pas..... où allez vous ?..... Elle va où on la conduit ; elle va où la conduit son cœur..... Tout lui semble bien étrange dans cette maison ; on la regarde avec étonnement, mais avec respect. La voilà près du lit de la malade. « Oh! ma sœur, dit celle-ci, se jetant à son cou et cachant sur son épaule un visage inondé de larmes, ma sœur, que j'ai honte et que je vous remercie! » — « Mon enfant, tenez, baisez mon crucifix, c'est le signe du pardon! Vous avez encore le temps de vous confesser; le prêtre va venir..... Pauvre enfant, que vous avez eu raison de penser à nous! »

Mère Antoinette était la bonté même, mais aussi elle était trop sage pour ne pas se montrer sévère quand il le fallait. Les enfants, tout en la chérissant, avaient de ses réprimandes une crainte salutaire. De fait, elle y allait vivement, quand elle voyait que les procédés de douceur n'aboutissaient à rien. Ses paroles, brèves et précises, frappaient droit au cœur, humiliaient profondément, et presque toujours avaient une efficacité merveilleuse. Le meilleur est qu'elle n'abusait pas des réprimandes; aussi, dans les cas graves, avaient-elles une immense portée.

Le soir, quand il fait beau, il est d'usage, à l'Asile de Marie, de prendre la récréation dans la cour. C'est le moment le plus heureux de la journée. On chante, on forme des rondes, on s'en donne à cœur joie. Le nom de mère Antoinette retentissait souvent au milieu des chants, car un bon chanoine, un peu poète, avait célébré en vers les vertus de la digne supérieure.

> Antoinette est une bonne mère,
> C'est ce qui m'invite à l'aimer.
> Quelle autre mère sur la terre
> Pourrait, comme elle, me charmer ?
>
> Sa tendresse, si bienveillante,
> Me fait un devoir, chaque jour,
> D'être pour elle obéissante.
> Je lui consacre mon amour !
>
> Trop souvent, hélas ! une mère
> Méchante, colère et sans cœur,
> Gronde et punit d'un ton sévère,
> N'a jamais bonté ni douceur.
>
> Mère Antoinette est caressante.
> Sa bonté croît de jour en jour :
> Je suis pour elle obéissante,
> Je lui consacre mon amour.

Souvent les voisins, attirés à leurs fenêtres, applaudissaient à ces chants. Puis la bande joyeuse bénissait Dieu, allait se livrer au repos de la nuit, tranquille, en paix, comme de jeunes oiseaux sous l'aile de leur mère.

Nous sera-t-il permis maintenant de soulever un peu le voile du sanctuaire, de montrer mère Antoinette au milieu de ses sœurs, compagnes dévouées de sa rude vie, infatigables coopératrices de ses œuvres charitables? Dans la crainte d'être indiscret, de pénétrer trop avant dans l'intimité de la famille, nous ne dirons que trois mots : elle les aimait, elle les encourageait, elle leur donnait l'exemple.

Toutes ces bonnes sœurs avaient des larmes dans les yeux en nous parlant de leur mère bien-aimée, en évoquant ces précieux souvenirs que nous nous sommes efforcé d'unir et de coordonner. On aura beau faire, beau mettre en vigueur les plus sages règlements, le meilleur moyen de gouverner les hommes, c'est encore de se faire aimer d'eux; de nos jours surtout, où l'esprit d'insubordination s'insinue si facilement dans les cœurs, où l'on a instinctivement horreur du joug et de la domination. Mère Antoinette se fit aimer, parce qu'elle-même aimait beaucoup. Une sœur nous a raconté que la première fois qu'elle parut devant elle, arrivant de Nevers, elle se sentit toute pénétrée de respect; et, tombant à genoux : « O ma mère, bénissez-moi ! » s'écria-t-elle.
— « Oui, mon enfant, je vous bénis, répondit

l'excellente mère, je vous bénis du fond de mon cœur. Il y a si longtemps que je prie Dieu de m'envoyer une sœur pour l'emploi qui vous est destiné ! » Dans la suite, souvent elle rappelait à la sœur cette première entrevue, et elle ajoutait : « Courage ! mon enfant, tout va bien ; mais peut-être pourriez-vous faire mieux encore. Ne luttez pas contre Dieu ; rien ne vous fera plus plaisir à l'heure de la mort que ce qui vous aura coûté pendant la vie ! »

Car mère Antoinette avait pour principe de ne jamais décourager personne ; et, ainsi, elle arrivait à tirer d'un sujet tout ce qu'il était capable de donner. Etre encouragé, être heureux, se sentir quelque chose dans l'ensemble de la communauté, avoir sa petite part de responsabilité, oh ! que c'est doux, que c'est utile même au pauvre cœur humain ! Mère Antoinette le savait bien, et voulait qu'il en fût ainsi pour chacune de ses sœurs. A celles qui prétextaient de leur incapacité, elle répondait : « Mais, ma pauvre sœur, qui est plus incapable que moi ! » A celles qu'elle voyait dans la tristesse, elle ménageait une petite entrevue, seule à seule, où elle s'efforçait de les consoler, de les fortifier. A celles qui ne réussissaient pas dans leur emploi, elle disait avec bonne humeur, sans laisser apercevoir aucun mécontentement : « Que voulez-vous, chacun a ses aptitudes, nous vous donnerons un autre emploi où vous réussirez ! »

Enfin, notre chère mère était un modèle vivant de toutes les vertus religieuses. Exacte aux exercices de communauté, fidèle aux pratiques de piété, toujours recueillie et comme perdue en Dieu, grande amie du silence aux heures où il est prescrit ; puis, gaie et souriante en récréation, infatigable au travail, la première à la peine, elle édifiait et elle entraînait. Les sœurs placées sous sa direction n'oublieront jamais ses exemples, ses conseils, ses vives exhortations au moment de la lecture spirituelle. Alors, dans un style simple, imagé, comparable à celui du curé d'Ars, elle recommandait la charité, l'observation du silence et des plus petits articles du règlement, surtout la bonne et franche simplicité qu'elle affectionnait tant. « Et ne croyez pas, mes chères sœurs, disait-elle, que cette simplicité entraîne l'exclusion de la science, de la politesse, des bonnes manières ! Au contraire, les personnes les mieux élevées sont toujours les plus simples, et la science prétentieuse fait hausser les épaules. »

Il paraît que ses paroles devinrent vraiment émouvantes quand on lut la vie de la Bienheureuse Marguerite-Marie : « Oh ! mes sœurs, écoutons bien ! c'est principalement des religieuses tièdes et lâches que Notre-Seigneur se plaint ! Si nous sentons que nous sommes tièdes, et nous le sommes toutes plus ou moins, convertissons-nous ! Comment notre maison pourrait-elle prospérer, si nous, les épouses de Jésus-Christ, nous contristions son cœur ! »

Pendant les dernières années, ces entretiens, comme la plupart des exercices en commun, avaient lieu dans la chambre même de mère Antoinette. Couchée, ou assise dans son modeste fauteuil, elle était heureuse de se voir entourée de sa famille bien-aimée. Cette chambre est maintenant sacrée ; elle n'aura plus désormais de destination profane. On la transformera en salle de communauté ; et le souvenir de celle qui, pendant si longtemps, a aimé, encouragé, édifié la communauté de l'Asile de Marie, y sera toujours vivant !

## CHAPITRE VII.

### LES AMITIÉS DE MÈRE ANTOINETTE.

Mère Marie, supérieure de la Charité d'Autun. — Sœur Mechtilde. — La révérende Mère Marie du Sacré-Cœur, prieure du Carmel de Chalon-sur-Saône.

« L'amitié, dit le P. Lacordaire, est le plus parfait des sentiments de l'homme, parce qu'il en est le plus libre, le plus pur et le plus profond [1]. » Ne pas parler des amitiés de notre chère mère, c'eût été voiler un des aspects les plus beaux et les plus sympathiques de son âme. Nous n'avions garde de commettre cet oubli. Aussi bien, on éprouve comme une sorte de légitime fierté à montrer au siècle égoïste et froid que les cœurs religieux sont encore les plus aimants. Et puis, qu'on nous permette cette confidence, la plus intime amie de mère Antoinette, la très regrettée mère Marie, supérieure de la Charité d'Autun, fut pour nous-même une mère, oserai-je dire une amie, selon les sentiments les plus doux et les plus forts du

---

1. *Sainte Marie-Madeleine*, chap. I.

cœur de Jésus-Christ. Appelé à exercer dans la maison qu'elle dirigeait les premiers devoirs de notre humble ministère, nous l'avons trop bien connue pour ne pas saisir, même après dix années écoulées, l'occasion de rendre à sa mémoire un témoignage de gratitude et de vénération. Nous parlerons donc de l'amitié de mère Antoinette et de mère Marie ; nous parlerons aussi de l'amitié de mère Antoinette et de la vénérable mère Marie du Sacré Cœur de Jésus, prieure du couvent des Carmélites, à Chalon-sur-Saône. Peut-être aurions-nous encore d'autres noms à prononcer ? nous craindrions d'être indiscret : l'amitié est une fleur qui redoute le grand jour et la publicité. Gardons le silence sur les vivants, mais soyons heureux de louer les morts !

Le 3 février 1797, au sein d'une honorable et chrétienne famille de Mallesfosse, au diocèse de Saint-Flour, une petite fille naissait. Presque aussitôt, un oncle, prêtre et confesseur de la foi, obligé de se cacher pour se soustraire aux fureurs révolutionnaires, versait sur son front l'eau du baptême, et lui donnait devant Dieu le nom de Marguerite. A peine put-elle balbutier quelques mots que sa mère lui apprit à prier. Formée à l'école de l'héroïsme et de la piété, elle grandit vite en sagesse et en vertu. Dans un âge avancé, elle aimait toujours à se rappeler son enfance, les années écoulées sous le toit paternel ; il était touchant de l'entendre s'écrier, joignant les mains, levant les yeux au ciel, pensant à son père et à sa mère : « Oh ! qu'ils sont heureux les enfants à qui Dieu donne des parents chrétiens ! »

Pour la soustraire aux fascinations du monde, les pieux parents de Marguerite la confièrent aux religieuses de la Visitation de Saint-Flour. « Les filles de saint François de Sales mirent tous leurs soins à développer dans cette nature de choix les vertus de leur saint fondateur, c'est-à-dire la fermeté et la suavité. A mesure qu'elle parviendra à sa maturité, nous retrouverons en elle ces deux vertus caractéristiques. Parmi ses maîtresses, la jeune pensionnaire en distinguait une qui la captivait. Elle ne se lassait point de contempler en elle comme un exemplaire vivant de la perfection religieuse. Émue jusqu'au fond de l'âme, elle se disait : moi aussi je veux être religieuse. Le céleste Époux l'avait touchée au cœur. Elle entra comme postulante dans la communauté des sœurs de la Charité de Nevers. Après un noviciat de dix-huit mois à deux ans, elle fut jugée digne de se consacrer à Dieu et au service des pauvres par les trois vœux de religion. Au baptême, elle a reçu le nom de Marguerite ; à sa profession, elle reçoit le nom de Marie : deux noms devenant populaires dans le monde entier [1]. A vingt ans, elle renonce au monde et à tous ses avantages. » [2]

Sœur Marie fut envoyée à Autun en 1817. Elle y fera le bien pendant près de soixante ans ; son tombeau y sera en vénération. Tout d'abord on lui confia la classe des enfants pauvres. Qu'était-ce que ces enfants pauvres ? Des jeunes filles de quatorze à quinze ans qui ne savaient ni lire, ni écrire, ni prononcer un mot de prière ; qui venaient des hameaux de Fragny, de la Bondelue, de Montromble, perdus dans les grands bois à quatre lieues d'Autun ; qui, pour toute nourriture, n'apportaient dans leur petit tablier qu'un chétif morceau de pain de fougère hachée ;

---

1. La Bienheureuse Marguerite-Marie, religieuse de la Visitation de Paray-le-Monial, à laquelle Notre-Seigneur Jésus-Christ a manifesté son cœur.

2. Extrait de la belle et touchante notice biographique que M. l'abbé Violot, curé de Notre-Dame d'Autun, à consacrée à la révérende mère Marie. (*Semaine religieuse*, année 1876, p. 845 et suivantes.)

car alors la famine sévissait d'une manière épouvantable. Le cœur de la douce sœur Marie saignait à la vue de tant d'ignorance, de tant de misère. Elle s'attacha à ces enfants, les aima comme une mère. Avec une admirable patience elle leur enseignait à faire le signe de la croix, puis à lire, à écrire un peu ; elle les préparait à la première communion. Et le soir, rentrées à la chaumière, les pauvres filles racontaient à ceux de la veillée comment une sœur, belle comme un ange, leur enseignait des choses merveilleuses.

Neuf années se passèrent ainsi. Sœur Marie était la plus jeune, la dernière, la plus modeste de la communauté ; mais ses compagnes avaient appris à la connaître ; elles l'admiraient, la chérissaient, au point que la supérieure étant venue à mourir, toutes, d'une voix unanime, demandèrent qu'on lui donnât le premier rang. Elle n'avait que vingt-huit ans.

Elle fut, pendant sa longue supériorité, le modèle accompli de toutes les vertus. Son horreur du péché était extrême. Avec quelle véhémence elle s'efforçait d'en détourner les enfants ! Sa pauvreté était parfaite : rien, absolument rien que le nécessaire. Son recueillement était habituel : elle parlait peu ; et on voyait à sa tenue, à son langage, qu'elle était continuellement en la présence de Dieu.

Les délices de mère Marie étaient de s'occuper des plus humbles emplois, celui de cuisinière, par exemple. Sa bonté vis-à-vis de ses sœurs était sans égale. Un jour, on lui envoie de Nevers une toute jeune novice. Dès qu'elle la voit : « Quel âge avez-vous, mon enfant ? » — « Dix-huit ans. » — « Oh ! pauvre petite, que vous avez besoin d'une maman ! Eh bien, moi, je vous serai une maman. Écrivez à votre mère qu'elle soit tranquille, que je la remplace auprès de vous. » Son humilité était si grande qu'elle se considérait vraiment comme la servante de toutes, et fuyait les honneurs avec un soin jaloux. Nous n'en citerons qu'un fait mémorable, digne d'être noté en lettres d'or aux archives de la communauté de Nevers. C'était en 1852, il s'agissait de l'élection d'une supérieure générale. La circulaire envoyée par la maison mère aux maisons particulières contenait trois noms, y compris celui de la mère Marie. Elle trouva moyen de dissimuler son nom à sa communauté. L'innocente supercherie fut bientôt connue ; ses sœurs lui en demandèrent la raison. Elle répondit à la manière de saint François de Sales : « C'est que, voyez-vous, quand on se moque de moi, je n'ai pas assez d'humilité pour m'en vanter devant mes sœurs. »[1]

Cependant, malgré tant de soin à se tenir humble et cachée, le monde avait reconnu les vertus, les mérites de la supérieure de la Charité. Les plus grandes dames s'honoraient d'être ses amies. On était heureux de la venir consulter dans des affaires difficiles ; et sa conversation était pleine de sagesse et de sens. Les supérieurs généraux l'avaient même autorisée à entretenir des correspondances de piété avec des personnes de haute distinction.

Dieu sait qu'elle ne se servit jamais de son crédit et de la confiance dont elle jouissait, que pour le triomphe des plus saintes causes. Longtemps, elle fut seule à la tête des œuvres charitables pour l'assistance des pauvres si nombreux à Autun. Puis, elle eut sa grande part d'initiative et de conseil dans les règlements qui existent aujourd'hui. Mais toujours elle travaillait sans éclat, sans ostentation, ne cherchant qu'à se voiler et à disparaître. Ame généreuse qui n'a que faire d'une vaine popularité, et qui, sans le vouloir,

---

1. Notice biographique, par M. l'abbé Violot.

sans même s'en douter, se fait une auréole de vénération !

Mère Marie n'oublia jamais ses chères enfants pauvres, au milieu desquelles s'étaient écoulées les premières années de sa vie religieuse. Pour elles, elle fit établir des classes; surtout un ouvroir, objet de sa prédilection et de ses plus tendres sollicitudes. Ses œuvres, ses entreprises les plus loyales et les plus désintéressées, furent souvent en butte à l'épreuve et à la contradiction. Alors, elle gardait le silence et elle espérait !

Accablée d'âge, et surtout dans un sentiment profond d'humilité, elle offrit sa démission de supérieure, et demanda en grâce qu'on l'acceptât..... Il fut décidé qu'elle resterait à Autun, et qu'on enverrait une autre supérieure. « Ma chère mère, lui disaient les sœurs désolées, restez, restez notre supérieure : pourquoi deux supérieures ? » — « Mes enfants, répondait-elle, croyez-moi, il n'y aura qu'une supérieure !..... » Plusieurs années se passèrent ainsi ; les sœurs se reprenaient à espérer qu'aucun changement n'aurait lieu. Mais un jour, voici que mère Marie entre dans la salle de communauté avec une sœur étrangère, la présente à ses filles en disant : « Voilà votre mère. »

Le lendemain de ce jour, les sœurs, qui avaient pleuré toute la nuit, l'entendirent s'écrier à son réveil : « Je ne suis plus supérieure, ah ! quel bonheur ! »

Dès lors, elle eût voulu être la dernière partout, et il fallut bien des supplications pour qu'elle se mît la première après la supérieure. Elle se dépouilla entièrement de tout ce qu'elle avait, voulant garder la stricte pauvreté. Un jour, une sœur la vit réunissant les petites images qu'elle donnait comme récompenses aux enfants pour les porter à sa supérieure : « Mais, ma mère, pourquoi ? vous les donnerez vous-même aux enfants ; n'êtes-vous pas toujours pour eux une chère mère ? » — « Oh ! mauvaise conseillère, répondit-elle, vous voudriez me faire manquer à mon vœu d'obéissance et de pauvreté ! » Il lui restait cependant une petite pelote d'une étoffe moins dure que celle des autres, parce qu'elle avait mal au pouce droit et n'enfonçait ses aiguilles que difficilement. Elle voulut s'en défaire : « J'enfoncerai mes aiguilles de la main gauche, » dit-elle. Enfin, ses sœurs la décidèrent à la garder, mais de suite elle alla près de sa supérieure lui en demander la permission.

Plus que jamais, elle affectionnait le séjour de

la cuisine, souvent de grandes dames et des dignitaires du clergé venant la voir la trouvèrent occupée à éplucher des pommes de terre. Et ce fut au milieu de ces humbles travaux que Dieu lui envoya les pressentiments de sa fin prochaine.

Les évanouissements réitérés qu'elle y éprouva, n'était-ce pas comme le cri de la parabole aux vierges sages : « Voici l'Époux qui vient, allez à sa rencontre. »
L'obéissance la ramène à sa cellule pour n'en plus sortir. Je me trompe; elle en sortira encore une fois, mais dans quel appareil! Son curé vient la visiter le jeudi, cinq jours avant sa mort. « Monsieur le curé, lui dit-elle, j'ai une grâce à vous demander, ce sera la dernière! Permettez-moi d'aller à la chapelle recevoir de votre main, le saint viatique et l'extrême-onction. » Cette demande insolite fait hésiter, mais le ton suppliant et l'accent de foi l'emportent. Le lendemain donc, jour dédié au Sacré-Cœur, elle se lève de grand matin, se rend à la chapelle au devant de son Époux, le reçoit dans son cœur pour accomplir avec lui le grand pèlerinage. [1]

Puis elle rentre dans sa cellule, et attend la mort qui ne peut tarder. Elle reçoit les visites de Monseigneur, des grands vicaires, des supérieurs

---

1. Notice biographique.

des séminaires, des prêtres de la ville. Nous sera-t-il permis de dire que la divine Providence daigna nous amener auprès d'elle, peu d'instants avant son dernier soupir ? Il nous semble voir encore ce regard élevé vers le ciel, puis rabaissé sur le crucifix que tenaient ses mains déjà glacées !

Mère Marie était remarquablement belle. La mort de son souffle semblait avoir effacé toutes les rides de ce noble visage ; on eût dit une jeune vierge de vingt ans endormie au milieu des fleurs et des lumières. Tous les pauvres suivaient son cortège ; Mgr Perraud prononça son éloge devant les prêtres réunis en retraite pastorale, et fit faire une grande distribution de pain aux malheureux pour honorer la mémoire de celle qui les avait tant aimés.

Telle fut l'amie de mère Antoinette. Nous nous sommes un peu étendu sur sa vie : c'était le meilleur moyen de prouver que ces deux âmes étaient faites pour se comprendre, et ces deux cœurs pour s'unir. Toute la communauté de Nevers avait connaissance et s'édifiait de cette amitié. Voici le jugement que les supérieurs portaient sur les deux mères : « Mère Antoinette, c'est l'humilité ;

mère Marie, c'est la charité parfaite : toutes deux, se donnant la main, réalisent l'idéal d'une sœur de charité. »

Mère Antoinette venait de temps en temps à Autun respirer le grand air qui chassait sa fièvre, et épancher son cœur dans celui de son amie. Elles ne parlaient que de Dieu et de leurs œuvres charitables. Elles avaient l'une envers l'autre une entière confiance ; elles se rendaient réciproquement tous les services possibles. Mère Antoinette, libre et indépendante dans son asile, recevait les jeunes filles que mère Marie ne pouvait faire admettre à l'ouvroir de la Charité. Mère Marie lui envoyait encore ses jeunes postulantes, en leur disant : « Je vous adresse à une mère bonne et éclairée. »

Quand les sœurs de la Charité d'Autun virent que la mort allait leur enlever leur ancienne supérieure, leur mère tant regrettée, elles se hâtèrent d'en informer l'amie fidèle. Celle-ci accourut en toute hâte, assista la chère mourante, lui donna le bras quand elle vint à la chapelle s'unir à Jésus-Christ... Puis, le matin même du jour que l'on prévoyait devoir être le dernier, il fallut se séparer ; des affaires pressantes rappelaient à Chalon la supérieure de l'Asile de Marie. Les deux amies s'embrassèrent encore une fois, se firent leurs mutuelles recommandations, et le mot suprême fut : « Nous nous retrouverons au ciel ! »

Cette amitié fut vraiment celle que le père Lacordaire a décrite en termes si profonds dans son beau livre sur sainte Madeleine. Nous ne pouvons résister au plaisir de citer quelques passages qui nous paraissent avoir ici une bien juste application :

L'amitié vit par elle-même et par elle seule: libre dans sa naissance, elle le demeure dans son cours. Son aliment est une convenance immatérielle entre deux âmes, une ressemblance mystérieuse entre l'invisible beauté de l'une et de l'autre, beauté que les sens peuvent apercevoir dans les révélations de la physionomie, mais que l'épanchement d'une confiance qui s'accroît par elle-même manifeste plus sûrement encore, jusqu'à ce qu'enfin la lumière se fasse sans ombres et sans limites, et que l'amitié devienne la possession réciproque de deux pensées, de deux vouloirs, de deux vertus, de deux existences libres de se séparer toujours et ne se séparant jamais. L'âge ne saurait affaiblir un tel commerce; car l'âme n'a point d'âge. Et même, par un privilège admirable, le temps confirme l'amitié. A mesure que les événements passent sur la vie de deux amis, leur fidélité s'affermit par l'épreuve. Ils voient mieux l'unité de leurs sentiments au choc qui aurait pu la détruire ou l'ébranler. Comme deux rochers suspendus au bord des mêmes vagues et leur opposant une résistance qui ne fléchit jamais, ainsi regardent-ils le flot des années attaquer en vain l'immuable correspondance de leurs cœurs. Il faut vivre pour être sûr d'être aimé.

Mais nous ne quitterons pas la Charité d'Autun sans avoir encore évoqué un souvenir, ou plutôt respiré un délicieux parfum. Entre mère Antoinette et mère Marie, pendant les dernières années de leur sainte amitié, venait s'asseoir un ange de vertu, une de ces créatures que Dieu semble prêter à la terre pour lui donner une pensée du ciel. Sœur Mechtilde était nièce de mère Antoinette. Elle s'était développée comme un lis à l'ombre de sa religieuse famille; elle avait embaumé le noviciat de Nevers; nommée à la Charité d'Autun, elle était aimée et admirée de toutes ses compagnes. Elle faisait la classe aux petites filles pauvres ; et, en même temps, comme elle était très intelligente, très instruite, on l'avait chargée d'un cours supérieur aux élèves de l'externat. Un instinct secret et bien fort la poussait à une grande dévotion au sacré Cœur de Jésus; elle en ornait avec soin l'image placée dans sa classe, et s'efforçait d'inspirer à ses élèves les sentiments qui l'animaient. On eût dit que toutes les vertus de sa sainte tante étaient en germe dans son âme. Sans doute, les supérieurs fondaient sur elle de grandes espérances, mais Dieu en avait décidé autrement.

La guerre de 1870 arriva. Autun fut envahi par les soldats, une ambulance fut établie à la Charité, et bientôt les varioleux vinrent l'occuper en grand nombre. Sœur Mechtilde les soignait; de ces mains innocentes, elle pansait leurs plaies, relevait leurs grabats, aidait à les ensevelir dans leurs pauvres cercueils, et mettait un crucifix sur leur poitrine en pensant à leurs mères. De sa voix douce et timide, elle leur parlait de Dieu, leur faisait faire le sacrifice de leur vie pour le ciel et pour la patrie, les préparait à mourir. Elle était héroïque; elle ne s'en doutait pas; elle ne pensait qu'au bon Dieu! Un jour, elle se sentit atteinte du mal terrible. Elle ne dit rien, et continua de servir ses malades ; mais les forces l'abandonnèrent tout-à-coup et elle tomba sans connaissance.

On la porta sur son lit, et, à peine revenue à elle, elle demanda deux choses : qu'on lui donnât les derniers sacrements ; qu'on fît sortir sa compagne de chambre, craignant pour elle la contagion. Il paraît que le démon de l'orgueil vint la tenter à ses derniers moments ; on l'entendait soupirer : « O humilité, humilité de mon Jésus, ne m'échappe pas!... » Son âme s'envola au ciel avec une prière. C'était le 6 janvier 1871, un vendredi, jour consacré au Cœur de Jésus, en la fête de l'Epiphanie, de la manifestation du grand Roi.

Bientôt un modeste cercueil, ombragé de fleurs blanches, parcourut les rues de la cité, suivi de petites filles pauvres qui pleuraient. Les soldats se découvraient ; les garibaldiens eux-mêmes s'inclinaient. C'est une victime de la charité, elle est morte pour la patrie !

Mère Antoinette nous bénira d'avoir donné à sa nièce ce souvenir d'admiration.

Maintenant, nous sera-t-il permis de franchir le seuil béni du Carmel, de pénétrer dans l'humble parloir, d'assister aux pieuses conversations, d'écouter les doux et fraternels épanchements de mère Antoinette et de mère Marie du Sacré-Cœur ? Une grille sombre et épaisse les sépare ; peut-être ne se sont-elles jamais vues ! Carmélite et sœur de charité, leurs vocations sont bien différentes : l'une, toujours sur la sainte montagne, lève les yeux, contemple, loue, adore ; l'autre, toujours au milieu de la mêlée, regarde à terre pour y chercher des membres blessés du Christ et pour les guérir. Mais leurs âmes se sont comprises, leurs cœurs se sont devinés ; une mutuelle affection, une réciproque vénération les unissent. Aimable et cordiale rencontre de la vie contemplative et de la vie active, de Marthe et de Marie réconciliées !

Nous osons à peine parler des vertus admirables de très honorée mère Marie du Sacré-Cœur. Une carmélite, c'est cette fleur qui croît, se développe et meurt sur la montagne solitaire, à laquelle on serait tenté de dire : O fleur ! pour qui es-tu si belle, pour qui ta brillante parure, pour qui ton délicieux parfum ? — Pour

Dieu seul ! — Mais, de même que la fleur de la montagne, la carmélite trahit parfois sa présence, et le monde, le pauvre monde s'étonne et admire !

Celle qui devait être la révérende mère Marie du Sacré-Cœur vint à Chalon, amenée par la divine Providence, à peu près au même temps que sœur Antoinette entrait à l'hospice Saint-Louis. C'était une jeune fille d'une rare beauté, magnifiquement gratifiée de tous les dons de l'éducation, de l'âme et du cœur. Le monde cherchait à l'attirer à lui. Mais portée vers Dieu par les exemples et les conseils d'une sainte compagne ; placée sous la direction d'un prêtre éclairé et fervent ; faisant déjà de l'oraison ses plus pures délices, a peine donna-t-elle un regard au monde, et ses yeux se fixèrent sur des horizons bien plus beaux. La mort d'une mère chérie brisa le lien le plus fort qui la retenait encore ; elle s'arracha, non sans douleur, des bras d'une famille tendrement aimée, et entra au Carmel.

Dès le premier jour, son sacrifice fut consommé ; elle était toute à Dieu, épouse, adoratrice, victime. Avec quelle joie elle foule aux pieds les vains ornements du siècle, dans la cérémonie de sa prise

d'habit! Devançant l'aurore tant désirée de sa profession, elle se lie irrévocablement à son céleste époux par les vœux de pauvreté, d'obéissance, de chasteté. Quinze mois seulement avant sa mort, elle révéla une grâce insigne dont elle avait été favorisée dans le temps où elle n'était encore que la fiancée du Seigneur. Un soir, elle priait dans le petit ermitage du jardin dédié à la sainte Vierge, quand voici qu'une atmosphère de paix céleste l'environne de toutes parts. « Au même ins-
» tant, lui apparaissent, dans un océan de clarté,
» les cœurs sacrés de Jésus et de Marie, non pas
» comme une image ou un tableau, mais vivants
» et animés, tout environnés d'une gloire que nulle
» parole humaine ne saurait rendre. Puis des
» rayons lumineux, émanés de ces divins cœurs,
» remplissent l'espace et l'inondent elle-même de
» leur incomparable splendeur..... Prosternée,
» confondue, toute frémissante de bonheur et
» d'amour, elle voua pour jamais à Jésus et à
» Marie son âme avec toutes ses puissances, son
» cœur avec toutes ses affections..... Cependant la
» merveilleuse vision a disparu, et l'heureuse novice, enivrée d'une félicité qui ressem-
» blait à quelque chose du ciel, redescend peu à

» peu des hauteurs où la faveur divine l'avait
» élevée. » [1]

Ainsi prévenue des plus pures faveurs de Dieu, appuyée sur sa séraphique mère sainte Thérèse de Jésus, et guidée par l'admirable docteur mystique saint Jean de la Croix, mère Marie du Sacré-Cœur gravira rapidement la *Montée du Carmel* semée de tant de difficultés. Puis, plongée dans la *nuit obscure*, c'est-à-dire dans bien des douleurs et bien des peines, elle illuminera son âme aux sublimes enseignements de la souffrance, aux saintes clartés de l'oraison. Alors, son cœur brûlera de la *vive flamme d'amour*, ses lèvres chanteront *le cantique spirituel* des épouses de Dieu [2]. Voilà la théologie mystique de saint Jean de la Croix, et voilà la vie de la révérende mère Marie du Sacré-Cœur.

Nommée maîtresse des novices, elle s'efforce

---

[1]. Extrait de la belle notice biographique écrite par les révérendes sœurs Carmélites de Chalon-sur-Saône.

[2]. Les ouvrages de saint Jean de la Croix, qui sont avec ceux de sainte Thérèse le guide des religieuses carmélites, répondent ainsi aux trois grandes phases de la vie mystique : la *Montée du Carmel* explique la vie purgative; la *Nuit obscure*, la vie illuminative ; le *Cantique spirituel* et la *Vive Flamme d'amour*, la vie unitive.

d'amener ses jeunes sœurs au sacrifice complet d'elles-mêmes, sans une restriction, sans un retour en arrière. Élevée bientôt à la dignité de sous-prieure, elle est pleine de respect pour les vénérables anciennes, pleine de douceur et de complaisance pour toutes. Chargée de diriger le chant et les cérémonies, elle s'applique à ces fonctions sublimes avec l'ardeur d'un séraphin. Enfin, « les élections du 26 mars 1841 nous la » donnèrent pour mère; elle reçut alors la hou- » lette de pasteur, doux symbole! sceptre paci- » fique! qu'elle devait tenir pendant dix-huit » ans, avec de si grandes bénédictions pour nos » âmes. » [1]

Bientôt, sous son action prudente autant que forte, et grâce au concours d'un vénérable aumônier tour à tour père spirituel et habile architecte, la sainte règle fleurit dans toute sa beauté, un vaste monastère s'élève, et remplace des constructions trop étroites. Que ne pouvons-nous parler de sa charité, de sa mortification, de son immense amour pour Dieu, de son humilité, principalement de son humilité!

---

1. Notice biographique, p. 22.

Le 16 février 1873, mère Marie du Sacré-Cœur se sentit mortellement atteinte; le vendredi suivant, elle rendait à Dieu sa belle âme ! Aussi longtemps que possible, sa dépouille vénérée fut conservée à l'infirmerie devenue comme un sanctuaire. On lui avait fait un lit de fleurs, de violettes surtout, aimable symbole de sa vertu préférée, de la vertu des âmes vraiment grandes, l'humilité.

Toutes deux parfaitement humbles, mère Antoinette et la révérende mère Marie du Sacré-Cœur s'étaient donc unies d'une étroite amitié. L'une encourageait l'autre dans ses entreprises, que le monde taxait de téméraires, et qu'elle nommait providentielles. Et que de fois, aux prises avec de grandes difficultés, mère Antoinette s'adressa aux deux cœurs sur lesquels elle savait pouvoir absolument compter : le sacré Cœur de Jésus et le cœur de la révérende mère Marie du Sacré-Cœur ! Sa sainte amie lui disait : Courage ! confiance ! elle lui promettait le secours de ses prières; et ces promesses, ces paroles avaient sur elle un ascendant immense. Toute la communauté du Carmel, partageant les sentiments de sa vénérable supérieure, portait à mère Antoinette et à l'Asile de Marie le plus sympathique intérêt.

Nous l'avons compris aux termes émus dont les pieuses Carmélites se sont servies pour nous parler de leur mère à elles et de mère Antoinette, heureuses d'unir les deux noms dans un même souvenir.

Mère Antoinette survécut à ses amies; mais on eût dit que son âme ne cessait d'être en communication avec leur âme; elle en parlait souvent, et avait coutume de dire : « Puissé-je aller les rejoindre où elles sont ! »

## CHAPITRE VIII.

### DERNIÈRE MALADIE, MORT ET SÉPULTURE DE MÈRE ANTOINETTE
### 27 MAI 1882.

Signes précurseurs de la mort. — Le coup fatal. — Longue agonie. — Le dernier soupir. — Le témoignage de la multitude. — Les funérailles. — Le tombeau. — Immortel souvenir.

Presque constamment malade, mère Antoinette avait sans cesse la pensée de la mort présente à l'esprit, et l'on peut dire que sa vie tout entière fut une préparation immédiate au dernier moment. Elle en parlait souvent, mais avec calme, sans frayeur, comme le bon ouvrier qui a bien employé sa journée. « Oh! mes sœurs, disait-elle, je compte sur votre charité; assistez-moi quand je suis malade, surtout, quand vous verrez approcher ma mort; donnez-moi de l'eau bénite, faites-moi baiser le crucifix et dire souvent : « Jésus, Marie, Joseph! » car, voyez-vous, quand on est malade, on n'est capable de rien! Oh! est-il possible que tant d'hommes remettent au moment de la maladie et de la mort le soin de leur salut éternel! »

Au commencement de l'année 1881, malgré le froid et malgré une épaisse couche de neige qui couvrait la terre, notre chère mère voulut faire quelques visites qui lui paraissaient obligatoires. Elle en revint avec de grandes douleurs de côté, et bientôt une fluxion de poitrine se déclara. La maladie fut très grave ; mère Antoinette le comprit; aussi, prenait-elle toutes ses dispositions. Elle parlait de son asile, et son cœur s'épanchait dans les sentiments de la plus tendre reconnaissance envers Dieu. « Jamais, disait-elle, non jamais je n'ai mieux apprécié la bonté de Notre-Seigneur ; il m'a montré comment lui seul avait fondé et gouverné cette maison. » Elle parlait de ses chères orphelines, et alors c'était vraiment la sollicitude d'une mère qui se voit sur le point d'être enlevée à ses enfants. « Oh! je vous recommande bien mes orphelines. Très volontiers, je fais le sacrifice de ma vie pour qu'elles soient sages, pour que toutes celles qui sont au milieu du monde persévèrent dans le bien, pour que celles qui ont quitté le droit chemin se convertissent et reviennent au bon Dieu! »

Mère Antoinette parlait aussi, et très souvent,

de celle qui devait la remplacer dans le gouvernement de l'asile : « C'est la volonté de Dieu, sœur Joseph me succédera; plus je réfléchis, et plus j'en suis intimement convaincue. » Surtout, elle parlait à Dieu : « O mon Dieu! vous êtes témoin que je vous ai toujours uniquement aimé! » Elle avait au-dessus de son lit une image très expressive de l'*Ecce-Homo* dont elle ne pouvait détacher ses regards.

Enfin, le médecin déclara qu'il conservait à peine une lueur d'espérance. A cette nouvelle, tout le monde fut dans la consternation; mais les prières redoublèrent de ferveur, et, comme par un instinct secret, au fond du cœur, on avait encore confiance! Munie des derniers sacrements, possédant au dedans d'elle-même le Viatique de l'éternité, mère Antoinette était étendue sur sa couche, calme et tranquille, presque souriante. « Chère mère, lui dit sœur Joseph, cette fois, vous allez donc nous quitter! » La vénérable mourante sembla se recueillir profondément, puis, comme inspirée d'en haut : « Non, mon enfant, cessez de pleurer; le bon Dieu me laisse encore quelque temps avec vous! » Une heure après, elle allait beaucoup mieux.

L'année se passa sans grandes souffrances. Mère Antoinette put suivre et présider à peu près tous les exercices de la communauté. La bonne volonté que les enfants manifestèrent à la retraite du mois de novembre la remplit de joie et sembla lui rendre son ancienne ardeur. « Je suis heureuse, disait-elle ; tout va bien maintenant. Dieu soit béni ! »

Néanmoins, toujours préoccupée des responsabilités de sa charge, elle continuait de supplier les supérieurs de Nevers de lui donner une remplaçante. Et comme on semblait ne pas tenir compte de ses prières, elle était toute triste et disait : « Mon Dieu, prenez-moi donc ! Je n'ai plus rien à faire ici-bas. Vous voyez bien que je suis inutile, que je suis un obstacle au bien ! »

Tant d'humilité rendait plus chère encore aux bonnes sœurs leur vénérable supérieure. Ravies du mieux qui s'était manifesté dans sa santé, et qui s'accentua encore au printemps de 1882, elles espéraient la conserver encore de longs jours. Dieu en avait décidé autrement. Un évènement imprévu, foudroyant, va préparer le coup fatal.

Depuis plus de vingt ans, un médecin, homme au cœur excellent, prodiguait ses soins à tous les habitants de l'Asile de Marie, avec un dévouement infatigable et sans avoir jamais voulu accepter la plus légère rémunération. Mère Antoinette lui avait voué une sincère reconnaissance, et, avec de longues relations, une réciproque et affectueuse estime s'était établie entre eux. Aussi bien, madame la Maîtresse, comme disait le docteur, était un sujet d'études et d'observations intéressantes. « Vraiment, répétait-il souvent, c'est un prodige ! Je ne sais ni pourquoi, ni comment, ni de quoi elle vit ! On la croit morte et, tout à coup, la voilà ressuscitée ! »

Le 19 mai 1882, le bon docteur vint à l'asile voir deux enfants malades. « Ça ne sera rien, dit-il à mère Antoinette qui le reconduisait jusqu'à la porte ; au surplus, je reviendrai ce soir à mon retour de la campagne où j'ai une course à faire. » Mais deux heures à peine s'étaient écoulées qu'on annonçait la mort subite du docteur. En route, se sentant pris d'un malaise général, il avait demandé à son domestique de le ramener chez lui. Là, on reconnut bien vite la gravité du mal ; le prêtre et le médecin, appelés en toute hâte, n'arrivèrent que pour recueillir son dernier soupir.

Mère Antoinette fut comme anéantie. Du premier instant on put prévoir que cette mort douloureuse aurait sur elle un contre-coup terrible. Elle pleura abondamment; puis elle se fit conduire chez le docteur, et demeura longtemps agenouillée, en prières, au pied du lit mortuaire. La nuit suivante, on l'entendit se donner la discipline pendant plus de deux heures, demandant à Dieu pitié et miséricorde pour cette âme subitement appelée à son tribunal. Le lendemain et les jours suivants, elle voulut que la messe fût offerte à cette intention. Son grand désir aurait été d'accompagner jusqu'au cimetière la dépouille du défunt. On parvint à l'en dissuader. Mais elle tint absolument à assister à la messe des funérailles. « Placez-moi, dit-elle aux sœurs qui l'accompagnaient, de manière à ce que l'on me voie; je veux que l'on sache que je suis ici, que nous sommes reconnaissantes envers ceux qui nous ont fait du bien ! » Pendant toute la cérémonie, elle ne quitta pas des yeux le cercueil, et fut continuellement, comme elle l'a raconté ensuite, préoccupée de cette pensée : « Le corps est bien là; mais l'âme, où est-elle ?

Ah! Seigneur, faites qu'elle aille un jour au ciel ; ce pauvre docteur a tant fait de bien à la maison, vous l'en récompenserez! » On remarqua aussi qu'elle se tenait toute courbée, comme affaissée sur elle-même. Les sœurs savaient bien pourquoi ; son vêtement cachait un dur et lourd cilice!

De ce moment, mère Antoinette eut le pressentiment de sa mort prochaine : « Je n'irai pas loin, dit-elle à sœur Joseph! » Le soir, à la récréation, une sœur s'étant écriée, avec un profond soupir : « Ah! qu'il faut souffrir sur cette terre! » — « Oui, ma sœur, répondit-elle ; mais à l'heure de notre mort, que nous serons heureux d'avoir souffert! » Le lendemain, elle demanda qu'on l'accompagnât à Saint-Pierre, l'église paroissiale, afin d'y prier encore pour son docteur ; et, tout le temps qu'elle y resta, son regard fut fixé à l'endroit où était le cercueil pendant l'office funèbre. Au retour, elle dit à sœur économe de monter dans sa chambre, et se fit rendre compte de tout ce qu'il y avait dans la maison ; puis elle permit quelques emplettes, en disant : « Mon enfant, c'est la dernière autorisation que je vous donne. » Les jours suivants, elle fit deux visites consécutives à une jeune dame de grande charité, de haute vertu, dont elle était l'intime amie. Toutes deux devaient bientôt se retrouver dans un monde meilleur; mais quel deuil elles laissaient derrière elles ! Madame Viollot mourut le 25 mai. Mère Antoinette apprit cette mort avec une douleur profonde : elle-même, le soir du même jour, devait être frappée pour ne plus se relever !

De violentes souffrances de tête s'étaient manifestées. Puis, ce fut un malaise indéfinissable, une sorte d'inquiétude continuelle, quelque chose de vague, d'effrayant. Du matin au soir, on la voyait monter et descendre, aller et venir, ne pouvant rester ni assise, ni couchée. Vainement les sœurs, justement alarmées, essayaient de l'amener à prendre un peu de repos; elle ne parlait que de sortir ou bien d'écrire à sa famille. Elle fit en effet plusieurs courses charitables, ainsi que nous l'avons vu, et écrivit à tous ses parents, leur parlant de sa mort prochaine.

Le jeudi 25, l'agitation augmenta encore. Elle visita toutes les salles de la maison ; et les pauvres sœurs, qui redoutaient une catastrophe, avaient peine à la suivre dans ses allées et venues, tout en voulant ne pas se montrer indiscrètes. Une grande partie de l'après-midi se passa à la chapelle. Elle avait, disait-elle, un grand désir de se confesser, mais ne pouvait venir à bout de s'y préparer. Elle allait d'un banc à l'autre, s'agenouillait, se relevait, s'asseyait, et ainsi pendant plusieurs heures. Enfin, toute troublée, tout inquiète, elle rentre dans sa chambre, et demande bientôt à causer avec sœur Joseph. L'entretien ne fut pas long. A peine a-t-elle prononcé quelques paroles, que les mots expirent sur ses lèvres. Puis, tout à coup, elle se lève, comme mue par un ressort, en disant : « Je veux... je veux... » et elle tombe à terre inanimée. A peine l'eut-on relevée et mise sur son lit, qu'on s'aperçut que la paralysie s'emparait d'elle, et que la congestion cérébrale commençait. Il n'y avait plus qu'à prier pour son âme !

L'aumônier et le médecin arrivèrent bientôt, mais ils ne purent obtenir aucun signe indiquant un reste de connaissance. Toutefois, le médecin déclara que ce serait long encore, et, dans l'espoir d'un éclair de raison, on remit la cérémonie de l'extrême-onction.

On eût dit qu'elle était morte; à peine pouvait-on percevoir le bruit de sa respiration. Et voici que soudain, au milieu du silence de la nuit, les sœurs qui la veillaient entendirent distinctement ces mots : « Jésus, mon amour! » Ce fut tout; on approcha le crucifix de ses lèvres qui demeurèrent immobiles. Plus rien qu'un léger soulèvement de la poitrine et un petit souffle lent, régulier, monotone. Le vendredi, les saintes onctions du sacrement des malades achevèrent de purifier cette âme, prête déjà depuis si longtemps à comparaître devant Dieu. Le samedi matin, il sembla que l'heure de la délivrance allait sonner. Toute la communauté se réunit pour réciter les incomparables prières de la Recommandation. Puis, religieuses et orphelines s'approchèrent et baisèrent respectueusement ce visage immobile et presque glacé. Mais le petit souffle continuait et la poitrine se soulevait encore. A trois heures, on recommença les prières des agonisants. Tout le corps était paralysé. Une heure après, le souffle accéléra son mouvement, puis il y eut deux soupirs très doux; pas de râle, pas d'agonie visible. La poitrine cessa de battre; deux grosses larmes coulèrent le long des joues. Sœur Henri les essuya et ferma ces yeux qui maintenant contemplaient l'éternelle Vérité! C'était le 27 mai 1882, veille de la solennité de la Pentecôte. Mère Antoinette Vabre avait 79 ans d'âge et 56 ans de profession religieuse.

« Notre sainte mère est morte ! » Bientôt dans toute la maison, on n'entendit plus que ce cri au milieu des sanglots : « Notre sainte mère est morte! » Les enfants, sortant des classes, le répétaient dans les rues; et, en un instant, ce fut le cri de tous : « Mère Antoinette est morte ! »

Le lendemain, le vénérable curé de Saint-Pierre interrompit un instant les chants de triomphe par lesquels l'Église célèbre la descente du Saint-Esprit au Cénacle, pour se faire l'interprète de la douleur générale et lire l'annonce suivante :

« La paroisse de Saint-Pierre et la ville de
» Chalon viennent de faire une perte immense.

» La vénérable mère Antoinette, fondatrice et
» pendant quarante ans supérieure de l'Asile de
» Marie, a rendu son âme à Dieu hier soir. Ren-
» dons hommage à une longue vie toute pleine de
» bonnes œuvres, entièrement consacrée à l'édu-
» cation des orphelines et des enfants pauvres !
» Vous lui témoignerez votre reconnaissance en
» priant pour elle et en assistant à ses obsèques
» qui auront lieu mardi, à 10 heures. »

Cependant, à l'Asile de Marie, on avait dressé, dans la salle de communauté, un lit funèbre qui devint bientôt comme un trône de gloire. Mère Antoinette y était couchée, vêtue de son costume de sœur de Nevers ; sur sa tête, une magnifique couronne de roses blanches ; sur sa poitrine, son crucifix qu'elle avait baisé tant de millions de fois; dans ses mains croisées, son chapelet et un petit papier jauni sur lequel elle avait écrit ses vœux au jour de sa profession, cinquante-six ans auparavant : « Seigneur je vous consacre mon cœur, mon âme, mon corps. Pour votre amour et pour votre gloire, je fais vœu d'obéissance, de pauvreté, de chasteté perpétuelle. »

Les orphelines veillaient et pleuraient auprès de leur mère bien-aimée. D'anciennes élèves étaient venues suppléer les sœurs dans leurs travaux, et leur permettre de ne point s'éloigner des dépouilles de celle qui, morte, leur parlait encore. On eût dit à tout moment que ce visage angélique si doux, si modeste, si calme, allait se soulever; que ces lèvres souriantes allaient s'entr'ouvrir : « Mes sœurs, soyez charitables, soyez humbles, soyez mortifiées. Oh! qu'on est heureux, à la mort, d'avoir appartenu au bon Dieu pendant la vie. »

Dès le dimanche matin, et jusqu'au moment des funérailles, la foule envahit les abords de l'Asile de Marie, les corridors et la chambre mortuaire. Chacun était heureux de rendre un dernier hommage à cette mère vénérée de tous. Le riche et le pauvre s'agenouillaient ensemble près de cette sœur de charité qui avait tant aimé les pauvres, et qui avait procuré aux riches tant d'occasions de faire le bien! Selon l'expression de la foule, c'était comme la visite des reposoirs au jeudi saint. On faisait toucher à ces dépouilles glorifiées des croix, des chapelets, des médailles. De tous côtés on apportait des fleurs, en couronnes, en bouquets; le doux parfum de la rose blanche de mai remplissait l'appartement, fleur de Marie, fleur d'innocence!..... Voilà celle qui, durant toute sa vie, n'a jamais eu d'autre maxime que le mot de l'Imitation de Jésus-Christ : « Aimez à être ignoré, et à n'être compté pour rien ! »

Le lundi soir, quand on mit le corps au cercueil, il sembla que le visage, blanc et diaphane comme le marbre de Carrare, illuminé d'un rayonnement céleste, était déjà transfiguré. Les sœurs arrêtèrent sur leur chère mère un long regard d'adieu ; puis la planche la leur cacha pour toujours en cette vie ! Un drap noir fut étendu sur le cercueil, et deux sœurs envoyées de Nevers par la révérende mère supérieure générale passèrent la nuit à prier.

Le lendemain, jour des funérailles, — nous allions dire jour du triomphe ! — une chapelle ardente avait été dressée dans la cour principale. Bientôt la foule se réunissait. L'éloge de la défunte était sur toutes les lèvres ; à un signal, toutes les voix eussent entonné le *Magnificat*. Et cependant, on était près d'un cercueil, sur lequel on jetait l'eau bénite, les cloches faisaient entendre leurs glas lugubres, une cérémonie funèbre s'organisait ! Ah ! c'est que la foule a l'instinct de la sainteté. Jamais on ne peut dire plus vraiment *vox populi vox Dei*, la voix du peuple c'est la voix de Dieu, que quand il s'agit de la proclamation des saints, de leurs vertus et de leur gloire.

Après neuf heures, le cortège commença à défiler. En tête, les élèves de toutes les classes de l'Asile de Marie; celles de l'externat et du pensionnat étaient conduites par d'anciennes élèves; celles des classes gratuites, par les demoiselles de l'association des Jeunes Économes. Au milieu du groupe de chaque classe, quatre enfants portaient une magnifique couronne de fleurs naturelles. Puis venait le clergé de Chalon tout entier, auquel s'étaient adjoints plusieurs prêtres amis de mère Antoinette. Le cercueil, couvert de couronnes et de fleurs, était entouré des orphelines et suivi des sœurs de l'Asile de Marie, de l'hospice Saint-Louis, de plusieurs maisons de la Congrégation qui avaient envoyé des représentantes. Les religieuses des différentes communautés de Chalon dont les supérieures tenaient les coins du poêle se pressaient à la suite des sœurs de Nevers, partageant leur affliction, pleurant avec elles. Enfin, une foule immense dans laquelle toutes les conditions, tous les rangs étaient confondus.

Sur le parcours, le silence n'était interrompu que par le chant des versets du *Miserere*. Partout, les témoignages du respect le plus profond, de la plus vive sympathie. Les pauvres orphelines étaient tellement accablées par la douleur, que chacun en les voyant ne pouvait s'empêcher d'être ému. Et parmi les prêtres, il y en avait un qui pleurait amèrement : le vénérable M. Monnot ne se séparait-il pas de celle qui fut plus que sa confidente et sa coopératrice, sa sœur en Jésus-Christ ?

Pour ce triomphe de la pauvreté, l'excellent curé de Saint-Pierre avait fait orner son église comme pour les obsèques des riches ; l'office fut célébré avec grande solennité. Puis le cortège prit la route du cimetière.

Dans un des endroits les plus solitaires et les plus recueillis du champ de repos, à l'ombre des arbres verts, est la tombe de mère Antoinette. Toutes les élèves de l'Asile de Marie se sont réunies pour acheter la concession à perpétuité, et les pauvres orphelines, voulant avoir leur part de cette œuvre pieuse, ont fait généreusement le sacrifice des petites pièces de monnaie qu'on leur distribue de temps en temps. Une pierre avec une modeste inscription; une croix, signe de résurrection et de vie; une parole d'espérance; des fleurs et des couronnes. Sur l'une d'entre elles nous avons lu ces mots : « A notre chère mère Antoinette, immortel souvenir ! » Les perles de la couronne tomberont; l'inscription disparaîtra; mais le souvenir, nous en sommes sûr, demeurera toujours et sera pour l'Asile de Marie un gage de vie et de prospérité.

Fin.

# TABLE DES MATIÈRES

Lettres d'approbation .................................. v
Avant-propos........................................... ix

### CHAPITRE I.

#### DEPUIS LA NAISSANCE DE MARIE VABRE JUSQU'A SA PROFESSION RELIGIEUSE.

(1803-1826.)

Le pays natal et la famille. — Enfance. — Première communion. — La Visitation de Saint-Céré. — Appel de Dieu. — L'Institut des sœurs de la Charité et de l'Instruction chrétienne de Nevers : sa fondation, son but et son esprit. — Mère Ursule Bastit. — Noviciat. — Epreuves. — Sœur Antoinette.............. 1

### CHAPITRE II.

#### SŒUR ANTOINETTE A LA CHARITÉ DE CHALON-SUR-SAONE.

(1829-1842.)

Chalon-sur-Saône. — L'hospice Saint-Louis. — Sœur Antoinette à la salle des hommes. — M. l'abbé Mazeau. — Sœur Antoinette à la salle des femmes, puis à l'ouvroir des jeunes filles. — Idée première de l'Asile de Marie....................... 22

## CHAPITRE III.

#### L'ASILE DE MARIE DANS LA PETITE MAISON DE LA RUE DES CARMÉLITES.

#### (1842-1844.)

L'homme de la Providence. — M. Biot et sa maison. — Premières quêtes. — Commencement de l'Asile de Marie. — Règlement. — Visite de Mgr Dufêtre et de la révérende mère générale. — Mère Antoinette.................................................. 62

## CHAPITRE IV.

#### FONDATION DÉFINITIVE DE L'ASILE DE MARIE ET SON HISTOIRE JUSQU'A LA MORT DE MÈRE ANTOINETTE.

#### (1844-1882.)

La maison de la rue de l'Obélisque. — Idée générale de l'œuvre. Ses développements. — 1848. — Nouvelles constructions. — Maladie de mère Antoinette et pèlerinage à Saint-Marcel. — La fièvre typhoïde. — 1870-1871. — Retraite et maladie à Nevers. — La chapelle de l'Asile de Marie............ 89

## CHAPITRE V.

#### PORTRAIT DE MÈRE ANTOINETTE.

Portrait physique. — Vertus morales et religieuses. — Humilité. — Foi. — Confiance en Dieu. — Mortification. — Exercices de piété. — Charité envers le prochain................ 132

## CHAPITRE VI.

##### MÈRE ANTOINETTE, SUPÉRIEURE DE L'ASILE DE MARIE.

Administration temporelle. — L'ouvroir et les classes. — La communauté........................................ 160

## CHAPITRE VII.

##### LES AMITIÉS DE MÈRE ANTOINETTE.

Mère Marie, supérieure de la Charité d'Autun. — Sœur Mechtilde. — La révérende Mère Marie du Sacré-Cœur, prieure du Carmel de Chalon-sur-Saône............................ 184

## CHAPITRE VIII.

##### DERNIÈRE MALADIE, MORT ET SÉPULTURE DE MÈRE ANTOINETTE

##### 27 MAI 1882.

Signes précurseurs de la mort. — Le coup fatal. — Longue agonie. — Le dernier soupir. — Le témoignage de la multitude. — Les funérailles. — Le tombeau. — Immortel souvenir... 207

FIN DE LA TABLE.

www.ingramcontent.com/pod-product-compliance
Lightning Source LLC
Chambersburg PA
CBHW060228190426
43200CB00040B/1658